JN035484

一生食いっぱぐれないための
ひとりビジネスの基本

SAORI KUDO
久道さおり

BASICS OF “INDIVIDUAL BUSINESS”

SOGO HOREI PUBLISHING CO., LTD

はじめに

会社を辞めて独立し、個人で稼ぐ——つまり「ひとりビジネス」で稼ごうとしている人は、往々にしてつぎのような理想を抱いています。

「自由に、自分らしく働きたい！」
「好きなことをお金にしたい！」

でも、はっきり言いますね。
ビジネスは、そんなに甘くありません。

２０１１年の中小企業白書によると、20年以上生き残る会社はたったの半分。起業後５年以内に、約５分の１は廃業してしまうそうです。
しかもこの統計は、帝国データバンクに登録された比較的大きい会社を対象にしているものです。零細企業や個人事業をすべて含めると、実際はもっと低い数字になるでしょう。

ビジネスを続けるだけでも、これだけ難しいんです。好きなことをしてラクをしながら稼ごうなんて、楽観的すぎないでしょうか。

経営判断を間違えてしまえば、多額の借金を抱えてしまう可能性だってあります。そうなったら、理想どころではないですよね？

ひとりビジネスを始めたいと思うなら、まずは**現実**を理解してください。

さて、自己紹介が遅くなりましたね。

私はこれまで、６０００人以上の前でひとりビジネスの始め方、運営方法をお話ししてきました。いまでこそ「先生」と呼ばれている私ですが、実は8年前、**１３００万円**の借金を抱えるどん底に陥《おちい》っています。

25歳のときに勤めていた銀行を辞め、その後10社近く転職を繰り返したり、起業をしたり……。その過程でつくってしまった借金が、１３００万円にまで積み上がったんです。

１３００万円ですよ？　住宅ローンじゃあるまいし、女性ひとりの借金としては、ものすごい金額だと思いませんか？

諦めて自己破産をする、という道もあったかもしれません。でも私はなんとか2度目の起業を成功させ、借金を完済。起業後8年目になりますが、毎年３０００万～５０００万を売り上げ続けています。そして、午前中と夜にはほとんど仕事を入れず、月10日くらいしか働かない生活を手に入れました。

私がお金と時間を自由にできたのは、**稼ぐための方法**を見つけ出したから。

稼ぐためには、どんなふうにひとりビジネスを進めればいいか。失敗を繰り返すなかで、答えにたどりついたんです。もしこの方法を最初から知っていれば、成功への道ははるかに短縮できていたことでしょう。

これからビジネスを始める皆さんにも、私が見つけた稼ぎ方を実践して、早く成功してほしい。大失敗をしている私だからこそ、皆さんに足りていないものがわかる。稼ぐための方法を知らないまま、壁にぶつかってひとりビジネスをやめてしまうのはもったいない。

そう思いながら日々、起業塾や講演でお話をしています。

そして今回は、もっと多くの人に「**成功するひとりビジネスとは何か**」をお伝えしたくてこの本を書くことになりました。

ひとりビジネスは、生半可な覚悟では成功しません。本当に理想を叶えたいのであれば、現実と向き合い、稼ぐために何が必要かを勉強したうえで始めてほしいと思います。

そして、大事なのは行動。この本の内容をただ学ぶのではなく、とにかく実践してください。そうすれば、コロナ禍《か》でも食べていける人になれるはずです。

きれいごとは書いていないので、読んでいるなかで「厳しすぎる」と感じてしまう人もいるでしょう。でも、誠実さゆえのことと思ってもらえるとうれしいです。

ようこそ、ひとりビジネスの世界へ！

CHAPTER 4 新世代の営業・リサーチ編

CHAPTER 5 新世代の営業・自分磨き編

企画協力／株式会社エム・オー・オフィス
編集協力／株式会社 POWER NEWS
装丁／木村勉
本文デザイン・DTP／横内俊彦
校正／菅波さえ子

CHAPTER 1

あなたは「稼げる人」ですか？

ひとりビジネスとは

きちんと稼ぐための「ビジネス思考」

ひとりビジネスでは、自分自身が経営者です。
どんなふうに仕事をしてもいいし、稼いだお金を何に使うかも自分次第。まさに時間とお金が自由になる、夢のような働き方ですよね。

私の起業塾にも、ひとりビジネスに夢を抱く人がたくさん訪れます。独立して理想の働き方を実現すべく、さまざまな事業計画を話してくれます。

でも皆さんのお話を聞いていると、こう思ってしまうことも少なくありません。

「ひとりで開業するには能力が低すぎるようだけど、自覚してるのかな？」
「そもそも、ひとりビジネスがどんなものなのか、わかってるのかな？」

ひとりビジネスは自分に裁量があるぶん、自分自身の考え方がそのまま成果を左右します。

自力でビジネスを構築するための考え方＝「**ビジネス思考**」を持っていなければ、ひとりビジネスを始めたところで経済的自由は手に入りません。それどころか、資金繰りに失敗して自己破産に陥ることもあるでしょう。

そのため私の塾では、入塾前に「**ビジネス思考診断**」を受けてもらうことにしています。稼ぐために必要な、ビジネスの考え方が身についているかどうか。それを自覚したうえで、ひとりビジネスを志してほしいからです。

では、ここで皆さんも診断をしてみましょう。つぎのシートを使って、考えていることをまとめてみてください。

Q5

美容・健康について

美容・健康について、今後どうしていきたいですか？
毎月いくらくらいかけたいですか？

Q6

結婚について

いまの結婚生活について、あるいは婚活について、考えていることを教えてください。

Q7

お子さんについて

お子さんには、将来どんな人になってほしいですか？
いない場合は、「もしいたとしたら」をお考えください。

Q8

老後について

老後の準備はどうしていますか？

《ビジネス思考診断シート》

Q1

年齢について

ひとりビジネスを始めるにあたって、自分の年齢をどう考えていますか？

Q2

職歴について

いままでの職歴を教えてください。
（仕事内容・勤続年数）

Q3

目標月収

目標月収はいくらですか？　①②を両方お考えください。
①生活に必要な最低限の月収
②あなたが満たされる理想の月収

Q4

労働時間

１日に何時間くらい働きたいですか？

回答しやすいようにアレンジしていますが、質問内容は私の塾で実際に使っているものと同じです。

さて、書けましたか？

「ビジネスにはあまり関係なさそうな質問もあるけど……」と、戸惑われたかもしれません。

でも、一見関係なさそうなものであっても、意外とビジネスに結びついているんです。自分と向き合い、いまの状態をしっかり書き出してみてくださいね。

それでは、解説を始めます。

◉Q1　年齢について

ひとりビジネスを始めるにあたって、自分の年齢をどう考えていますか？

「まだ○歳なのに独立なんて、難しいかな」
「もう○歳だし、独立には遅いかも」

こんなふうに、自分の年齢をウィークポイントに感じている人もいるでしょう。

でも、安心してください。

ひとりビジネスに定年はありません。何歳でも始められるし、年を重ねることで不利な点が出てきても、それをカバーすればいいだけの話です。

大事なのは、自分の年齢を客観的に判断できているかどうか。あなたと同じ年代の人がどういった点を強み・弱みにしているのか、それを知っておくことです。

ここでは、私が6000人以上と会って感じた年代ごとの傾向、注意してほしい点をお話しします。自分の年齢と照らし合わせ、これから何をするべきなのか、考えてみましょう。

10代〜20代前半

10代〜20代前半の人は、**知識や情報、経験が不足している**傾向にあります。まずは何事にもがむしゃらに取り組んで、いろいろなスキルを身につけたり、人脈をつくったりするべきでしょう。多少の失敗は大目に見てもらえるというのも、若さゆえのメリットですから。

20代後半

20代も半ばをすぎると、若さに頼れなくなり、仕事でもプライベートでも壁にぶつかり始めます。自分の今後について徐々に不安を感じていく、そんな時期ですね。悩みが急に増えるせいか、**メンタル面で折れやすい**傾向があります。落ち着いて、成功者から学びながらビジネスの判断をしましょう。

30代

ある程度の経験を積み、人生の見通しも立ってくるのが30代です。体力もまだまだあるため、ビジネスに取り組みやすい時期ではないでしょうか。積極的な自己投資をおすすめします。

ただし、行うべきは**稼ぎにつながる自己投資**。

ファイナンシャルプランナーだとか、行政書士だとかの資格をただ取っただけでは稼げませんよね。**実際の売り上げにつながるスキルを身につける、行動する**。そのための自己投資を始めてください。

40代以上

40代以上の人は経験豊富である一方、その経験を信じすぎてしまい、融通が利かなくなる傾向にあります。新しい知識や考え方を教えようとしても、受け入れてくれないことが多いんです。

とくに残念なのが、バブル期を過ごしてしまった50代以上。

流れに身を任せれば幸せになれたバブル期と違い、いまはどんどん経済が縮小しています。従来の常識が通用しなくなって、どうしたらいいかわからなくなった。そんなふうに悩んでいる人は少なくありません。

私が言えるのはただひと言、「**変化を受け入れてください**」ということです。とにかく、時代の変化に向き合い、対応できる人になりましょう。かつての価値観に引きこもっているままでは、本当に死活問題になります。

「自分の時代はこんなことしなかったけどなあ」と感じるようなことこそ、どんどん試してみてください。

◉Q2　職歴について

Q2は、職歴について。

これまで、どんなところで働いてきましたか?

業種で言えば、メーカー系、商社系、IT系などなど。さらに、人事だったり技術職だったりと、職種もさまざまでしょう。

ここでのチェックポイントは、**営業経験**があるかどうか。

私が見てきた限り、営業経験がない人はひとりビジネスでも苦戦しがちです。一方、営業、それも新規開拓の営業をしたことがある人は、かなりスムーズにビジネスを構築できています。

では営業経験があると、どういった考え方が身につくのでしょうか？

営業経験で身につくビジネス思考

一つは、「**売り上げから逆算して動く**」という考え方。

営業マンは、まず売り上げの目標金額を決めます。達成するためには何人のお客さまを訪問して、どのくらいの契約をとってくればいいのか。そしてそのために必要なことはなんなのか。売り上げ目標から逆算し、必要な行動を考えているんです。

稼ぐには売り上げが不可欠ですよね。売り上げをノルマとして課される、そんな営業をしていた人は、稼ぎにつながる行動ができています。

「自分本位にならない」という考え方も大事です。

自分が主人公だと勘違いしてはいけません。**ビジネスの主人公はお客さま**です。

とくにひとりビジネスでは「好きに働きたい」という理想を持つ人が多く、これを忘れがちです。

「自分はこれをやりたい。だからこの商品を買ってください」とお願いしても、売れるわけありませんよね。ファンに応援してもらうタレントなら通用するかもしれませんが、普通のビジネスではなかなか厳しいでしょう。

その点、営業はお客さまと直接やりとりをする仕事です。「主人公であるお客さまにどうしたら自分の商品を買ってもらえるのか」、そんな顧客志向の考え方が自然と身につきます。

「職人」ではなく「商人」になる

職歴では、一つの会社に長くいたかどうかもチェックポイントです。

誇らしげに「何十年勤めました」と書いてくる人が多いんですが、実は勤続年数が長すぎることは良いことばかりではありません。

一つの会社に長くいると、その会社に特化した「職人」のようになりがちなんです。

職人になってしまうと、スキルばかり磨いて、それをどうお金にするかを考えることができなくなります。その会社のなかでは活躍できたとしても、ほかの場所でそのスキルは役に立たないことがほとんどでしょう。

もっと言うと、融通の利かない職人気質は邪魔にもなります。変化の激しいひとりビジネスでは、ものごとを柔軟に判断し、変化し続ける必要があります。

稼ぐためには、職人ではなく「商人」にならなければいけません。こだわりは捨て、稼げる選択をしましょう。

● Q3　目標月収について

漠然と「たくさん稼ごう」なんて思っていても、目標にはなりません。具体的にいくら稼ぎたいのか、目標月収を決めておく必要があります。

そこでQ3では、「生活に必要な最低限の月収」と「あなたが満たされる理想の月収」をお聞きしました。それぞれ見ていきましょう。

①生活に必要な最低限の月収

最低限の月収については、おそらく現状と同じか、それ以下を書いたのではないでしょうか。私の塾では「20万円くらい」と回答される人が多いですね。

ここでチェックしたいのは、**「売り上げ」と「手取り」を混同していないか**ということです。

自分でビジネスをしたことがない人は、「月収」＝「売り上げ」＝「手取り」と考えてしまいがちです。でも、そんなわけありません。

実際は、売り上げから経費などを引いた金額が手取りになります。20万円の売り上げがあっても、手取りは20万円に届きません。良くて12～13万円といったところではないでしょうか。

暮らしをやりくりするのにもお金がかかります。家賃や光熱費、通信費、交際費などなど。**生活していくうえで必要な支出を合計した金額**が、目標とするべき最低月収なんです。

②あなたが満たされる理想の月収

つぎに、理想の月収について。

あなたが満たされるのは、どれくらいの月収を得られたときでしょうか？

大きい金額を書けばいいというものではありません。思い描いた最高のライフスタイルから具体的に算出できているかどうか、それがチェックポイントです。

欲しい物を手に入れ、自分を磨き、豊かな暮らしをする。そんな理想の人生を実現するために、どのくらいのお金が必要かを計算してみてください。

理想の人生が明確になればなるほど、理想の月収もはっきりしていきます。目に見える目標があったほうが、努力のしがいも出てきますよね。

モチベーションを維持するうえでも大事な数字となりますので、妥協することなく、理想の月収を計算しましょう。

ちなみに、私の塾で多い回答は「１００万円」です。12カ月働けば年収１２００万ですから、かなり夢がありますよね。

◉Q4　労働時間について

1日に何時間くらい働くのが理想ですか？

おそらく、いまより短い時間を書いたのではないでしょうか。私の塾でも、「1日3、4時間」と8時間より少ない数字を答える人ばかりです。

もちろん、それ自体は別に問題ありません。実際、私も1日に働く時間は3、4時間程度です。

ここでポイントとなるのは、労働時間あたりの単価を計算できているかどうか。Q3の目標月収と照らし合わせて、妥当な労働時間になっているでしょうか？

たとえば、月収100万円が理想の月収だったとしましょう。

平日に1日4時間働くとして、1カ月でだいたい80時間です。1カ月で100万円を稼ぐためには、1時間あたり1万2500円以上の時給にしなくてはいけません。

これは、東京都の最低時給のおよそ10倍です。

短時間で高収入を得るためには、利益率が高いビジネスを手掛ける必要がある。書きながらそのことに気づけたかどうかが、ビジネス思考の判断基準です。

ひとりビジネスを始めるのであれば、こういったコストパフォーマンスへの意識を高めましょう。


なお、時間についてはもう一つ、覚えてほしいことがあります。

それは、**ひとりビジネスは24時間営業が基本**ということです。

こう言うと、「さっき3、4時間くらいしか働いていないと言ったじゃないか」と怒られてしまいそうですね。

私が言ったのは、稼げるようになってからの労働時間です。はじめから3、4時間しか働いていなかったわけではありません。

自由なスタイルでお金を稼ぐには、最初のうちは努力も必要です。理想の労働時間は短くてもいいですが、稼げていない間は24時間仕事モードでいてください。

◉Q5　美容・健康について

Q5では、美容・健康について、今後どうしていきたいかを書いてもらいました。

「なんで急に美容・健康なの？」と、不思議に思ったかもしれませんね。

でも実は、**稼ぐうえで美容と健康は不可欠**なんです。

まず、容姿はそれ自体がビジネススキルです。CHAPTER５「新世代の営業・自分磨き編」で詳しく説明しますが、基本的な身だしなみが整っていない人にお金を出してくれるお客さまはいません。

そして健康というのは、稼ぎ続けるためのベースです。どんなに能力が高くても、病気やケガをしてしまえば働けなくなりますよね。とくにひとりビジネスでは、あなたの体が資本です。ないがしろにしてはいけません。

美容・健康に関しては、日頃から意識を高く持つ必要があります。この質問に対して具体的に答えられなかった人は、ビジネス思考が不十分かもしれません。

美容・健康について書けた場合でも、その目標を数値で把握できているかどうかは確認してください。

「良い基礎化粧品を使いたい」「栄養サプリを飲みたい」と書いたのであれば、いくらくらいのものが欲しいのか。「エステに行きたい」「スポーツジムに行きたい」と書いたのであれば、どのくらいの頻度で行きたいのか。

ビジネスにおいて大事なのは、**目標の数値を決め、その数値を達成するにはどうすればいいのかを考えて実行する**ことです。美容や健康の考え方にも、ビジネス思考は表れてしまうわけですね。

余談ですが、成功者の最終的な夢には何が一番多いか知っていますか？

答えは、「**健康に生きること**」だそうです。

どんなにお金があっても、健康だけはどうにもならないことがあります。だからこそ成功者は、未来の自分が健康であるために、食べ物やサプリなどにお金をかけています。

いまの段階で健康に投資するのは難しいかもしれません。でもまずは理想として、どのレベルのケアをするべきか考えておきましょう。

◉Q6　結婚について

Q6は、ただ結婚観を聞いているわけではありません。お金に対する意識や、自分の立ち位置を理解できているかどうか、それをチェックするための質問なんです。

結婚している人もそうでない人もいると思いますので、それぞれについて考えていきましょう。

まず、すでに結婚している場合。

「十分幸せ」という場合もあるでしょうし、「もっとパートナーとわかり合いたい」など、現状に不満を持っている場合もあるでしょう。なかには「別れたい」と書いた人もいるかもしれませんね。

チェックするべきは、家庭の経済的な状況について考慮できているかどうか。

とくにいま専業主婦の人は、「**株式会社夫婦**」という考え方を持ってほしいと思います。会社が事業計画を立てて経営を行うように、ご家庭の経済状況をしっかり把握し、黒字に向けて努力するんです。

新型コロナウイルスの影響もあり、経済の先行きはかなり不透明になりました。中小企業はもちろん、大企業であっても、現状の雇用が今後そのまま続くとは思えません。減給などはまだ良いほうで、悪くすればリストラされる可能性だってあります。「株式会社夫」であれば、ご主人が稼げなくなった時点で倒産です。でも「株式会社夫婦」であれば、奥さまも共同経営者ですよね。

いまのうちから準備し、ご主人に何かあったとしても家族が乗り切れるようにしておく。そういった意識を身につけてほしいと思います。

これはもちろん、専業主夫の男性についても同様です。奥さまに頼り切らず、夫婦としてお金の問題に取り組んでください。

つぎに、ずっと独身で生きていこうと考えている人。言うまでもありませんが、**ひとりで生活するには経済力が不可欠**です。

自分の経済状況を想像したうえで回答できたかどうか。それがビジネス思考の判断基準です。

また、結婚相手を探して婚活中の人もいるでしょう。まだ見ぬパートナーを想像して、いろいろ書いたかもしれません。

この場合のチェックポイントは、状況をシビアなものとして理解できているかどうかです。

身も蓋もない言い方ですが、婚活での市場価値というのは、やはり年齢です。「条件に合う人が見つかったら結婚しよう」などとのんびり構えていてはいけません。

若いうちはいいんです。いくらでも選べますから。でもいまのままでいると、選択権はおろか、選ばれる資格すら失ってしまうかもしれません。とくに女性の場合、何もせずに歳をとっていてはどうしても男性から選ばれにくくなっていきますよね。

市場全体のニーズを踏まえ、自分の立ち位置を理解する。ビジネスでも婚活でも、成功するために欠かせないスキルです。

◉Q7　お子さんについて

Q7では、お子さんに将来どんな人になってほしいか、理想を書いてもらいました。

塾で見ていて多いのは、「生き抜く強さと優しさを持った人」という回答。厳しい時代ですから、親が望むこととしてはとても正しいと思います。

ただ、こう思うのであれば、**まずあなたがお子さんのお手本になってください**。親が知識・情報を備えた賢い人であり、夢を持ってきちんと自立していなければ、これからを生き抜けるような子どもは育てられないのではないでしょうか。

「親孝行するような子になってほしい」という回答もよく見かけますが、これについても同じですね。親孝行する人になってほしいなら、親である皆さんがちゃんと親孝行をするか、育ててくれた人への感謝の気持ちを持ってください。子どもは、親の態度をしっかり見ていますから。

親孝行できる機会はたくさんあります。父の日や母の日、両親の誕生日などなど。プレゼントなのか食事なのか旅行なのか。そしてそのためには年間でいくらお金が必要なのか。ここでも、数値化して目標を立てることが大切です。**人に何かを求めるときは、自分のあり方を振り返る**。自分を高め続けなければいけないひとりビジネスでは、こうした意識を持っておくことも大切です。それに、誰かのために頑張るほうが、困難に負けず覚悟も決まると思います。

◉Q８　老後について

老後の準備は、どんなことをしていますか？

「貯金」と答えた人は要注意。

貯金と答えたのはおそらく、「２０００万円問題」を意識してのことだと思います。２０１９年、金融庁が「老後30年間生きていくためには２０００万円必要になる」という報告書を出し、日本中大騒ぎになりましたよね。

でも実際のところ、**老後の準備は２０００万円でも全然足りないと思います**。

保険会社で働いていたころ、「豊かな老後を過ごしたかったら、毎月一人あたり約40万円が必要となる」と教えてもらったことがあります。
平均寿命は、男性で81歳、女性で87歳。60歳の定年まで働いたとして、定年後、男性なら約20年、女性なら約27年生きることになります。60歳のときに男性だったら約9600万円、女性だったら1億2000万円必要になるという計算です。

豊かな老後を目指さないのであれば、また持ち家など資産がある人は、もう少し少ない金額でも足りるでしょう。でもいまは、年金だってまともに貰えるかどうかわからない時代です。備えは多いほうが安心ですよね。
貯金で数千万円を貯めておくのは大変です。貯金するより、**定年後も働ける自分づくり**を始めたほうが現実的ではないでしょうか？

もちろん、定年後に働くことだって、簡単ではありません。仕事は見つかりにくくなるでしょうし、体力もないので長時間働くのは難しいはずです。短時間でもお金を稼げる、利益率の良い仕事をしないといけませんよね。

そしてその準備となるのが、自己投資です。いまこの本を読んでいるように、とにかく勉強し、ビジネス思考を高めましょう。

あなたがするべき老後の準備は、貯金ではなく、いつまでも働き続けるための自己投資なんです。それを理解できているかどうかが、ここでのチェックポイントでした。

以上が、ビジネス思考診断です。

ほとんどの人は、十分なビジネス思考を持っていません。「独立するなんて、私には難しいかも……」と、不安になってしまった人もいるでしょう。

でも、あまり気に病まないでください。

過去を変えることはできません。大事なのは未来です。現状を知って、自立するためにどんな戦略を立てるべきかを考えればいいんです。

ビジネスのことを知らずにいた過去のことを後悔したり、自分を責めたりする必要はありません。むしろ、「**いまのうちに自分の立場がわかってよかった**」と、前向きに考えてください。

自分にどんな能力があるか。そしてその能力は、どのようにしたらお金に換えることができるのか。どんな行動をするのが自分にとってベストなのか。理想を叶えるにはどれだけの努力が必要か。

真剣に、自分の能力と向き合ってみてください。

「稼げる人」を目標にＰＤＣＡを回そう

「ＰＤＣＡ」という言葉を聞いたことはあるでしょうか？

これはビジネス手法の一つで、PLAN-DO-CHECK-ACTION の頭文字をとってＰＤＣＡと呼ばれています。

計画を立て（PLAN）実行し（DO）、その成果を確認して（CHECK）改善策を検討（ACTION）。そしてその改善策の実行計画を立て（PLAN）、実行に移し（DO）、その後また確認して（CHECK）……と、サイクルを繰り返すなかで成果を伸ばしていくのがＰＤＣＡです。

あなたにはこれから、自分自身の成長についてPDCAを回してほしいと思います。ひとりビジネスで経済的に自立できる人＝「**稼げる人**」を目指し、計画を立ててみてください。

今回書いてもらったビジネス思考診断シートは、PDCAのなかで「確認」(CHECK)の指標になるものです。

まず、あなたの現状を確認しましょう。「理想の月収」に100万円と書いていたとして、それをどう稼げばいいいか、考えられますか?

……難しいですよね。ということは、ビジネス思考が足りていないんです。

ひとりビジネスで月収100万円を実現するのは、そう簡単ではありません。ビジネス思考を磨き、「稼げる人」になっておく必要があります。

「100万円くらい欲しいなあ」というふわっとした願望から、「商品をこうつくり、○人に○個売ればひと月に100万円の売り上げが出る」というように、きちんと考えられるようになること。

それができるまで、ビジネス思考診断シートを毎日、難しければ最低でも週に1回は見直すようにしてください。

いまの自分に何が足りないのかがわからなければ、進むべき道もわかりません。ただ頑張っているだけで成功するビジネスなんて、現実には存在しないでしょう。厳しいけれど、それが現実です。

自分が、成功への道を歩めているかどうか。

こまめに確認し、「稼げる人」を目指しましょう。

「稼げる人」と「稼げない人」の違い

稼げない原因を知ろう

ひとりビジネスでは、あなた自身の思考・行動の癖が、そのまま売り上げに反映されます。「稼げない人」の癖をなくし、「稼げる人」の癖をつけなくてはいけません。

ここでは私が思う「稼げる人」と「稼げない人」の特徴を、「性格」「習慣」「人生経験」という3つの観点からお話しします。あくまで経験則ではありますが、8年間、6000人以上にビジネスを教えてきてわかったことなので、参考になると思います。「稼げる人」にあってあなたにないもの。あるいは、「稼げない人」とあなたとの共通点。その2つを知ることで、改善するべき点も見えてくるはずです。

暗い人、謙虚な人は稼げない

まずは、性格について。


端的に言って、暗い人は稼げません。

お店で何か買うときのことを考えてください。

ハキハキして明るい感じの店員と、無口で暗そうな店員。あなただったら、どちらの人から買いたいと思いますか？　普通は、明るい人から買いますよね。


謙虚すぎることもビジネスではタブーです。

謙虚さは、もちろん良いことでもあります。でもビジネスの現場では、謙虚な態度は「自信がない」と捉えられてしまいがちです。

「どれくらいお役に立つかわかりませんが……」と売り込みに来られても、買おうとは思えないでしょう。「きっとお役に立ちます！」と自信を持って売り込んでくれるほうが、安心して買えるはずです。

ビジネスを始めたばかりのころは、自信はないのが当然です。ただ、それをストレートに態度で示してしまえば、相手だって不安になります。

謙虚さがプラスに働くのは、誰もが実績を知るような成功者だけです。謙虚な成功者のもとに人が集まるのは、「成功者なのに腰が低い」というギャップによって好感を得ているからなんです。

実績のない人が謙虚であっても、得をすることはありません。ビジネスを始めたばかりだからこそ、しっかりと自信を伝える必要があります。

とくに競合の多い業界でビジネスをする場合、人となりは大切な差別化ポイントになります。性格を急に変えることは難しいでしょうが、せめてお客さまに対しては明るい人、自信のある人に見えるよう意識してください。

「稼げる人」の効率的な習慣

「稼げる人」を見ていると、どの人もつぎの3つの特徴にあてはまりました。

①荷物が少なくて部屋がきれい
②レストランで注文が早い
③食べるのが早い

この3つ、根っこは同じです。

自分に必要なものごとを判断し、かつ、行動に反映させる。それができていると、自然とこういう習慣が身につくんです。

いらないものを持たないから、荷物が少なくて部屋がきれい。

自己管理ができていて、どんなものを食べるべきかわかっているから注文が早い。

「だらだら食事するのは無駄」と考え、有意義に時間を過ごそうとしているから、食べるのが早い。

判断力と行動力が備わっている人は、日常生活も効率的だということですね。

人生経験を積もう

あなたは、どんな人生経験を積んできましたか？

生まれ育った環境や学生時代に頑張ったことは、ひとりビジネスへの向き合い方に大きな影響を及ぼしています。

たとえば、あくまでも私がいままで見てきたなかでの話ではありますが、末っ子だった人は苦戦している場合が少なくありません。

もちろん、末っ子自体がダメと言っているわけではないんです。

末っ子は面倒を見てもらいながら育つので、甘え上手になりやすいでしょう。また、上の子の様子を見て失敗しないようにする、要領の良さもあります。世渡りをするうえでは素晴らしい才能ですよね。

でもひとりビジネスでは、**「末っ子気質」は邪魔**になります。経済的自立を目指すには、「自力でなんとかしなければならない」という意識が大切なんです。

ほかにも、学生時代、運動部に所属していた人のほうが稼げている傾向にあります。これは、ビジネスの本質が「**戦い**」だからでしょう。

ライバルと競い合うこと、数字で結果が出ること、そして何より自分を追い込む訓練ができていること。スポーツを真面目に頑張ってきた人は、そうした経験をしてきたせいか、ビジネスに対しても一生懸命に取り組める人が多いように思います。

もちろん、運動部に入ったことがなくても成功する人はいます。文化部でも大会や展覧会に向けて活動してきた人、帰宅部でも勉強を頑張っていた人は、同じようなことができているはずです。

でも部室で遊ぶだけとか、家に引きこもっていただけの場合、誰かと競争することを避けてしまいがちです。勝負の経験が大切なんです。

人生経験を積むのは、いまからでも遅くありません。

たとえば末っ子で人に甘えてきたのなら、飲み会やイベントの幹事に立候補し、人を集めてリードすることに挑戦してみましょう。

部活や勉強に励んだことがないなら、何か趣味の大会に出てみて、勝負に挑む経験をしてみましょう。

小さなことからでも、自分を変えてみてください。

「稼げる人」へと変わるための心構え

普通の人と同じような生活をしない

「稼げない人」から「稼げる人」になるには、いままでの生活、考え方をまるっきり変えなくてはいけません。日々、意識を高く持っておく必要があるんです。

そこでここからは、「稼げる人」を目指すにあたって必要な心構えをお伝えします。

まず意識してほしいのは、「普通の人と同じような生活をしない」ということ。

あなたの周りに、ひとりビジネスの成功者はいますか？　数人いるかもしれませんが、ほかの多くは「稼げない人」、というか「稼ごうともしていない人」でしょう。

そういう人たちと同じ生活をしていれば、「稼げる人」になるなんて不可能ですよね。

たとえば、半年間だけ遊びをやめてみましょう。

飲み会を断る、趣味をやめる、旅行に行かない、などなど。時間のかかる息抜きを、半年間だけ我慢するんです。

では、空いた時間で何をするのか。

もちろん仕事です。まだ開業していないのであれば、その準備をする。すでに開業しているのであれば、売り上げを伸ばすため、運営方法について学ぶ。

人が遊んでいるときに仕事をする。「稼げる人」への道筋は、こういうところから始まります。


とはいえ、「仕事ばかりで辛いなあ」と思うこともあるかもしれません。そんなときは、ビジネス思考診断シートに書いた「あなたが満たされる理想の月収」を思い出してください。

その金額を実現するまでは、するべきことがたくさんあります。遊びに時間を奪われていたら、いつまでたっても成功はできないと思います。

普通の人生ではなく、理想の人生を送る。そのために、あなたはひとりビジネスを志したわけですよね。いままで過ごしてきた普通の生活は、一度捨ててください。

疑問を持つ前に行動を始める

「稼げる人」を目指すなら、とにかく行動を始めましょう。

ビジネススキルがない人ほど、つぎのような質問をしてきます。

「その方法で本当に稼げるようになるんですか？」

でも私からすれば、不思議です。

「稼げていないあなたが、なんでここで疑問を持つの？」

たとえば、あなたがパソコン教室の先生だったとします。ショートカットキーの使い方、キータッチのコツなどを教えたときに、

「それで本当に速くなるんですか？」

と聞かれたらどう思いますか？

「疑うより、やってみたほうが早いのに……」

と思いませんか？

これとまったく同じです。疑問を持つ暇があったら、自分でまず試し、確かめてください。

あなたも、この本を読むなかで「本当に？」と不安になることがあるかもしれません。とくに会社勤めをしてきた人は、これまでの働き方とひとりビジネスとのギャップに驚いてしまうと思います。

それに、私が教えているのはただのひとりビジネスではありません。稼ぐためのひとりビジネスです。そのへんの起業塾とは言っていることが違いますから、「聞いたことないよ」と思う人もいるでしょう。

でも、実践して損になることは言っていません。半信半疑のままでもいいので、まずは行動に移してください。

CHAPTER 2

「好きなことで生きていく」の現実

そのビジネス、本当に稼げますか？

安易にビジネスを選んではいけない

どんなビジネスをしたいか、すでにお決まりですか？

ある程度「これをやってみたい」という目途はついているのではないでしょうか。

ただ、少し考えてほしいんです。

そのビジネス、本当に稼げますか？

どの業界の、どういった商品を**選択**するか。これは、あなたの今後を左右します。

どんなに能力が高くても、稼げないビジネスを選んでしまえば成功はできません。初心者であれば、なおさらですよね。

塾で見ていると、初心者に人気があるビジネスはだいたい決まっています。どの人も、「話題になっている」「簡単そう」といった理由で似たような儲《もう》け話に飛びついているのでしょう。

でも、話題になっているからといって、稼げるとは限りません。また簡単そうに見えたとしても、稼ぐにはスキルが必要なものもあります。

つぎからは、初心者に人気があるひとりビジネスをいくつか取り上げ、私なりの分析をお話ししたいと思います。少し辛口ですが、参考にしてください。

初心者が選びがちなビジネス

●ネットビジネス

ネットビジネスでは、「**アフィリエイト**」「**転売**」の２つがメジャーです。

アフィリエイト

アフィリエイトは、自分のブログなどで広告を掲載するか商品の紹介をし、報酬をもらうビジネスです。

報酬の仕組みは2種類。読者に広告をクリックしてもらった時点で報酬が発生する「クリック報酬型」と、ブログ・SNS内で紹介した商品を購入してもらった時点で報酬が発生する「成果報酬型」の2つです。後者は、「ネット上の営業」とよく言われますね。

どちらの仕組みについてもアフィリエイトプログラムを提供してくれるサービスがあり、基本的にはそこに登録してブログなどを書くだけで始められます。そのため、アフィリエイトは手軽にできるビジネスとして幅広く人気があるようです。

でも、本当に手軽なのかどうか、私は疑問に思います。

だって、知名度のない個人が、どうやってブログ読者を集めればいいんでしょうか？　見ず知らずの読者に読んでもらえるような魅力的なコンテンツを、そう簡単につくれるものなんでしょうか？

インターネットは、さまざまな娯楽、情報であふれています。よっぽど魅力的なコンテンツを提供しなければ、読者が集まるはずありませんよね。

たとえ読者が集まったとしても、そのぶん収入になるとは限りません。読者が広告のクリックをするか商品の購入をしなければ、報酬はもらえないからです。

アフェリエイト用ブログ塾に通い、稼ぐためのテクニックを学ぼうとする人もいます。読者を集めるための文章術や、購入をそそる商品紹介の手法などなど。

ただ、受講料の相場はかなり高いようです。ここで自己投資をしたとして、採算がとれるものなのかどうか……。

趣味のついでならばまだしも、「手軽に稼げそう」という理由で始めるにはふさわしくないビジネスだと思います。

転売

転売は、安く仕入れた商品に利益をのせ、フリマサイトやオークションサイトで売るビジネスです。最近はスマホアプリからも販売できるので、始めるハードルはかなり低くなっていると思います。

ただ、転売できちんと稼ぐのは大変です。

転売をビジネスとして軌道に乗せるには、時間がかかるでしょう。マニアックな商品の流通経路、新商品の発売時期などは押さえておく必要があり、情報収集をしなければいけません。

また、転売で扱うのは基本的に手に入りにくい商品です。売れそうな商品がわかっても、仕入れるのは骨が折れます。

たとえ上手に仕入れることができたとしても、よほどのレアものでなければ大した利益は出ません。仕入れ値の数倍で売れるなんてそうそうありませんし、商品の旬が過ぎれば値下げも必要になるでしょう。

相場が仕入れ値を下回れば、赤字で売ってしまうか、不良在庫を抱えるか……そんな最悪の2択を迫られます。

簡単に始められるとはいえ、**費用対効果は低い**ビジネスだと言えます。転売で豊かな生活を実現するのは難しいのではないでしょうか。

●投資

投資は、株式や通貨などを取引するビジネスです。

初心者は短期的な価格の上下で利益を出そうとするパターンが多いので、「投機（トレード）」と呼んだほうが適切かもしれません。

たとえば、仮想通貨は一時期よく取り上げられていましたよね。ビットコインで大幅に稼いだ話を聞いて、「何か投資を始めてみよう」と思った人も多いのではないでしょうか。

でも、忘れないでください。

投資には、勝つ人もいれば負ける人もいます。

百戦錬磨のプロがしのぎを削っているなかに初心者が参入しても、勝つ側に回れるとは思えません。

投資の世界では、経験値がものを言います。テクニカル指標の読み方など、知識として知っていたとしても、実際に使いこなせるかは別です。場数を踏んでいないうちは、ビジネスというより博打になってしまうでしょう。軽い気持ちで始めてはいけません。

◉美容サロン

美容が好きな人には、エステサロンやネイルサロンも人気です。でも、ビジネスとしてはおすすめできません。

まず知ってほしいのが、**美容サロン事業には競合が多い**ということ。

試しに、インターネットで検索してみてください。お客さまが調べるのと同じように、「麻布十番　エステサロン」と、場所、サロンの種類で調べるんです。表示されたら、どのお店でもいいのでクリックしてサービス内容や技術レベルなど、自分と比べてみてください。

どうですか？　勝てそうな気がしますか？

すでに何年も実績があるサロンがひしめいていて、これからもどんどん参入が増えていく。初心者がチャレンジしても、稼げないことは目に見えていますよね。

それに最近は、セルフケア商品が増えています。

ネイルは代表的ですよね。最近はセルフネイル用のチップやシールがどんどん出ていて、素人でも上手にネイルができるようになっています。

脱毛、フェイシャル、エクステなどでも、セルフケアへの流れは進んでいます。このままいくと、いずれ**プロの技術は必要なくなる**のではないでしょうか。

そもそも美容サロンのビジネスモデル自体、稼ぎにくいというのもあります。

サロンを構えるためには、コストがかかります。店舗の賃料はもちろん、美容機器といった設備も必須です。しかも美容機器は、流行に合わせてつねに買い替えをしなければいけません。もちろんレンタルやリースもできますが、都度支払うお金の負担は相当なものです。

こういった費用を賄《まかな》うためには、お客さまを増やさなくてはいけません。すると、お客さまの相手をするスタッフが必要になります。スタッフを雇えば、そのぶん人件費が増え……と、堂々巡りになってしまいます。**繁盛貧乏**ってやつですね。

お客さまが少なければ当然稼げない。多くても、忙しくなるだけで利益は出ない。それが美容サロンだと思います。

●ネットワークビジネス

ネットワークビジネスでは、商品の購入者が販売組織のメンバーとなって商品を広めます。扱う商品としては、健康食品やサプリメント、幹細胞コスメ、再生医療コスメなどなど。

購入者がメンバーを探してくれる仕組みなので、広告費がかからないという利点があります。

ただし、まずは商品のファンになってもらわなければ組織に勧誘しても断られてしまうでしょう。よほど魅力的な商品を扱っているのでない限り、メンバーを増やすのにも苦労するはずです。

簡単にお金を稼げそうなイメージもありますが、本当に稼げている人はひと握りです。競合も多い業界ですから、相当のスキルがなければ稼げません。

他人をその気にさせられる。他人を巻き込む力がある。そういう自信があれば、やってみてもいいかもしれません。

●カウンセリング

「元気がない人を助けたい」。そんな信念を持ってカウンセラーを目指す人はたくさんいます。

でも、単刀直入に言いますね。**専門の勉強をしたこともない人が、簡単にカウンセラーになれると思わないでほしいんです。**

失敗する初心者にありがちな流れを紹介しましょう。

カウンセラーを目指した動機として典型的なのが、「カウンセラーに助けてもらったから、つぎは自分が誰かを助けたい」というもの。自分自身がカウンセリングを受け、元気になったのをきっかけに憧れを抱いたパターンです。

そうしてカウンセラーになるべく勉強を始めるわけですが、臨床心理学のようなきちんとした勉強をする場合、かかる時間、費用は並大抵のものではありません。

そこで現れるのが、「大学で心理学を専攻しなくても大丈夫!」などと謳《うた》うカウンセラー養成講座。役に立つかわからない資格を取らされてしまいます。

それでもなんとか事業をスタートさせますが、なかなかうまくいきません。もともと「誰かを助けたい」という優しい気持ちでカウンセラーを目指しているので、稼ごうという気持ちが弱いんです。

クライアントについ入れ込んで、「お金をとるのはかわいそう」と無料で仕事をしてしまう。あるいは、クライアントの悩みを聞き続けているうちに、自分自身がまたメンタルをやられてしまう。

そうして結局稼げない人は少なくありません。

専門の心理学者は、4年間かけて大学を出て、試験に合格して、実地でいろいろと学んで、ようやく一人前になれるんです。

膨大な知識を身につけたうえで、経験を積みスキルを磨く。そうして初めてできるのが、心のカウンセリングなのではないでしょうか？

もちろん、専門的な教育を受けてカウンセラーになるぶんには、何も問題はありません。**本当にカウンセラーになって人助けをしたいのであれば、もう一度学生に戻り、しっかりした教育を受ける覚悟で臨んでほしいと思います**。

心理系のビジネスでは、ほかにもコーチングが人気です。こちらもカウンセリングと同様、生半可な気持ちで始めるべきではありません。人の心を動かし導くには、それなりの努力が必要です。

◉研修講師

研修講師を目指す場合は、何を教えるかが大事です。

たとえば、マナー講師はおすすめできません。

対面でのコミュニケーションが減っているいま、社員にマナーを教える必要性はなくなりつつあります。ビジネスマナーしか教えられない人は、いずれ稼げなくなってしまうでしょう。

研修講師として稼ぐには、時代を見極め、企業が求めるビジネススキルを教えなくてはいけません。教える技術がどんなに高くても、ニーズを踏まえていなければ生き残れないんです。

では、これからの時代、どんな研修にニーズがあるのでしょうか?

私が思う、一番ニーズがある研修。それは、**稼げる方法を教え、会社に依存しないような人材を育てる研修**です。

不況のなか、売り上げを出してくれない社員を雇う余裕はありません。社員一人ひとりを「稼げる人」にしなければ、会社は立ち行かなくなっています。

ひどい話だと思いますが、これが現実なんです。

今後生き残るのは、「稼げる人」を育てられる講師だけではないでしょうか。

「稼げる人」を育てるためには、かなり高いビジネススキルが必要になりそうですよね。そしてもちろん、あなた自身が「稼げる人」になることも条件です。

●結婚相談所

結婚相談所は、サラリーマンが副業として始めるケースをよく見かけます。コンビニのようにフランチャイズで加盟店を構えられる仕組みがあるので、それを利用して始める人が多いようです。

ただ、知っておいてください。

婚活ビジネスの今後は、明るいものではありません。

少子化が進んでいるいま、人口は減少する一方です。結婚を人生で何度もする人は少数派ですから、人の数が減ればそのぶん婚活する人も減りますよね。

また、日本の未婚率はどんどん上昇しています。背景にはいろいろあるでしょうが、結婚を重視しない人が増え、「皆が結婚して当たり前」という時代は終わりを迎えました。ニーズがないところで、どんな勝負をしようというのでしょうか。

結婚相談所は資本のある大手だからできるものであって、個人がゼロから始めるにはふさわしくないと思います。

●飲食

飲食業界も人気ですね。

「おしゃれなカフェを構えたい」「こだわりのラーメンをつくりたい」。そんな夢を持つ人はたくさんいます。

でも、その夢をかなえるために何が必要か、きちんと考えられている人はあまり見たことがありません。

内外装・什器《じゅうき》の準備といった初期費用がどのくらいかかるのか。回転資金を賄うのに、どれだけ売り上げが必要か。計算してみると、厳しい現実がわかるはずです。

飲食店の利益率は、決して高くありません。「初期投資を3年かけて回収して……」と長期的に目標を立てたとしても、売り上げで回転資金を賄えなければ、いつまでたっても赤字のままです。

コロナ禍に廃業した飲食店は多いですよね。これは、客足が遠のいて回転資金の負担に耐えられなくなったという理由がほとんどなんです。

趣味やボランティアならともかく、**ビジネスとして飲食を始めようと思ったら、かなりシビアな事業計画が必要**になります。しっかり考えたうえで開業しましょう。

肝心なのは、稼げるかどうか

自分らしさは邪魔になる

「自分らしい働き方」を願う人は、少なくありません。

自分を殺して働くのではなく、得意分野で活躍する。仕事を押しつけられるのではなく、自由に仕事を選ぶ。

あなたも、こういった働き方を実現するためにひとりビジネスを志したのではないでしょうか？　理想を理想のままにせず、行動を始めているのは素晴らしいことだと思います。

ただ、勘違いしないでください。

自分らしく働いていいのは、稼げるようになってからです。

稼げていない現状の自分らしさを活かしたところで、残念ながら、なんの役にも立ちません。やりがいを優先してお金にならない仕事をする人もいるでしょうが、あなたは稼ぎたいからこの本を手にとってくれたわけですよね。

稼ぎたいのであれば、自分を捨てて、「稼げる人」に生まれ変わってください。成功者の話に耳を傾け、実践し、自分を変えるんです。

自分らしくなるのは、稼げるようになってからでも問題ないはずです。いったん、自分らしさは封印してください。

無責任な起業塾に騙されてはいけない

世の中には、「好きなことで生きていこう」といった甘い言葉で独立を促《うなが》す起業塾がたくさんあります。

入塾すれば、商品のつくり方や、どう開業すればいいかは教えてもらえるでしょう。エステサロンやカフェを開くのが夢だったという人も、オープンにこぎつけることはできるかもしれません。

でも、そこまでです。

本当に力を入れなければいけないのは、オープン後ですよね。初期投資を回収しなくてはいけないし、ビジネスを続けるにはお金がかかります。

キラキラした理想だけ見せて起業を促すのは、誠実ではないと思います。

現実を教え、生き残っていけるだけのビジネス思考を身につけさせるのが、本当の教育なのではないでしょうか？

2015年にある県で起業家向けの講演をしたとき、参加者の半分くらいがすでに自己破産していました。2015年ですから、コロナショックの前ですよ？

安易に独立をしてしまうと、待っているのは自己破産なんです。

理想だけの「夢を叶える起業」だとか、無謀な「1円起業」だとか、無責任に幻想を語る人たちに騙されてはいけません。

「好きなことで生きていく」が可能なのは、本当にひと握りです。きちんと現実を知って、食べていける人になってほしいと思います。

CHAPTER 3

食べていくためのひとりビジネス

なぜいま、ひとりビジネスか

ビジネスとはお金を稼ぐこと

CHAPTER 2では、いろいろと厳しいお話をしてしまいました。

もしかしたら、せっかく盛り上がっていた気分がすっかり落ち込んでしまったという人もいるかもしれません。

でも、申し訳ないとは思いますが、現実を知ることは出発点です。

ひとりビジネスでは、好きなことをやる前に、まずは食べていくためのお金を稼がなくてはいけません。お金と時間を自由にしたいのであれば、とにかく売り上げを立てられる仕事に取り組むべきではないでしょうか。

皆さんには、「稼げるかどうか」を基準にビジネスを選んでほしいと思います。

では、なぜそこまでしてひとりビジネスを始めなくてはいけないのでしょうか？

ここで改めて、根本を確認してみましょう。

会社一筋では生きていけない

最近、社員の副業を認める会社が増えていますよね。

どうしてこんな流れになっているかというと、**企業が社員を抱えていけなくなっているから**なんです。

不況の影響で、どの企業もいままで通りの給料を払えなくなってきています。「不足するぶんは自力で稼いでね」ということで副業が解禁されてきているわけです。

こうした動きは、一時的なものではありません。

社員を終身雇用で抱える企業体制自体、古くなりつつあります。これからは、社員を「**個人事業主**」に変え、雇うのではなく「**業務提携する**」という体制が主流になると思います。

たとえば健康器具メーカーのタニタでは、2017年に社員を個人事業主に変える制度が導入されました。希望する社員はいったん退職し、個人事業主としてタニタと業務委託契約を結び直すことができるようになったんです。

タニタの取り組みがうまくいくようであれば、多くの企業が同じようなことを進めてくると思います。

業務提携したぶんで労働力を賄えるようになれば、大勢の社員を抱える必要はなくなります。誰もがどこかの会社の社員として働く、そんな時代は終わってしまうでしょう。

「稼げる人」になろう

社員でいても副業は必須。社員として一生雇ってもらうこと自体、今後は難しくなるかもしれない。

そんな現代、**生き残れるのは「稼げる人」だけ**です。ひとりビジネスで稼ぐ手段を持っていれば、会社のお給料に頼らなくても食べていけますよね。

ただ自力で食べていけるだけでなく、時間とお金を自由にすることだってできます。利益率の高いビジネスを選べば、週5日で働く必要もなくなるでしょう。複数の企業と契約を結び、会社勤めでいるよりも高い収入を得られるかもしれません。

これからを乗り越え、豊かに生きる。そのためには、ひとりビジネスで「稼げる人」になっておくことが必要不可欠なんです。

ゼロからひとりビジネスを始めるには

ただし、実績のない個人が考えなしにひとりビジネスを始めても、うまくはいかないでしょう。

お客さまの立場に立って考えれば、納得がいくはずです。

これまでにどんな商品を扱ってきたか、どれだけのお客さまを集めてきたか、お客さまからの評判はどうなのか。そうした実績がわからない人より、きちんと実績を上げてきた人にお金を払いたいと思いませんか？

少額ならなんとかなるかもしれません。でも、それなりの金額の商品を扱う、食べていくためのビジネスを構築するのであれば、勝ち目を見つけるのは難しいでしょう。

では、実績のない個人はどうすればいいのか。

答えはシンプルです。**これから実績をつくってしまえばいい**んです。

私がすすめているのは、他社の売れている商品を売ってみること。

売り手であるあなた自身にビジネスの経験がなくても、商品に実績があれば買ってもらえるかもしれません。

商品を売り上げ、ビジネスを成功させた実績があれば、ひとりビジネスでも人を集めることができます。さらに実績をつくる過程であなたのビジネススキルも上がり、より成功しやすくなるでしょう。

つまり、**まずは営業から始める**ことが大切なんです。

新世代の営業を始めよう

ひとりビジネスの営業とは

稼ぐためのひとりビジネスは、営業からスタートします。

「営業」と聞いて、悪いイメージを持つ人も多いでしょう。靴をすり減らして日々取引先を開拓し、お客さまには無理難題を吹きかけられ、体力は使うしストレスはたまるし……。人によっては、一番やりたくない仕事の一つかもしれません。

でも、あなたに身につけてほしいのは、身を粉にして働くような営業力ではありません。

飛び込み営業で無理やり売り込む。とにかく足を使う。ノルマを第一に働く。こういった「昭和営業」で売れる時代は、もう終わったんです。

必要なのは、**新世代の営業力**。これはただの営業力ではなく、ひとりビジネスを構築するスキルにもなるんです。

この差をわかってもらうため、まずは昭和営業についてお話ししましょう。

ストレスフルだった昭和営業

私は昔、保険会社で営業の仕事をしていたことがあります。いわゆる「保険レディ」ですね。飛び込み営業で、ノルマがきつくて、典型的な昭和営業でした。

そこで私の実体験を例にとりつつ、昭和営業の流れをご説明します。

①見込み客をつくり続ける

私がいた会社では、つねに新規の見込み客を100人キープすることが求められていました。成約するか、途中で断られることがあれば、そのぶん見込み客を補充する必要があります。

切羽詰まると、プライベートな人脈を頼らざるを得なくなります。無理に勧誘して、友だちをなくしたり、親戚から縁を切られたり……。営業によって人間関係をこじらせてしまった同僚は、少なくありませんでした。

②アポをとる

アポをとろうとしても、先方はなかなか会ってくれません。でも会わなければ仕事にならないので、こちらも必死です。相手に嫌がられても、頼み込んで時間をつくってもらっていました。

自分の都合は二の次三の次ですから、どんなに忙しい日であろうと、どうにかして相手が指定する時間に出向きます。残業も休日出勤も当たり前で、ワークライフバランスはほぼ崩壊していましたね。

③信頼関係をつくる

保険のような高額な商品では、信頼がなければ契約はしてもらえません。会ってくれたお客さまとは、時間をかけて良好な関係をつくる必要があります。だからタイミングを見計らいながら何度も連絡し、アポをとり続けました。

④商品を提案する

ある程度お客さまとの関係をつくったら、商品の提案をします。手を変え品を変え、成約に向けて提案を続けます。ひたすら腰は低くし、先方のご機嫌とりに努めなければいけませんでした。かなり神経を使います。

⑤断られる

時間をかけて提案まで持ち込むまでは難しくありませんが、最後の段階で断られることがほとんどです。

断られたら、別のお客さまを探して最初からやり直しです。これまでかけた時間が無駄になってしまいますから、正直、かなりメンタルをやられます。

とある保険会社には約5万人の営業員がいますが、毎年、新規に1万人採用するそうです。でも営業員の数は5万人のまま、増えることはありません。1万人が入社しても、別の1万人が辞めてしまうからです。

昭和営業は、それだけ辛い仕事ということです。

新世代の営業力とは

昭和営業では、つねに自分から働きかけ、「お客さまからお時間をいただいている」という姿勢でやりとりをしなければいけませんでした。

では、もしお客さまのほうから「あなたからその商品を買いたい」と言われるとしたら、どうでしょうか?

「買ってあげる」ではなく、「売ってもらう」という意識でお客さまがやって来てくれるわけです。機嫌をとって頼み込んだり、無理やり売り込んだりする必要はなくなりますよね。

自分からアポをとらなくても、お客さまから買いに来る。そんな、**問い合わせが自動的に入ってくるような仕組み**があれば、苦しい昭和営業からは解放されると思いませんか？

実は、この仕組みづくりこそが「新世代の営業」なんです。

単にものを売るのではなく、継続的にものを売り続けるような仕組み。これをつくれば、ひとりビジネスでも稼ぎ続けることができます。辛い昭和営業をしなくても、売り上げを立てることができるでしょう。

もちろん、努力は必要です。

つぎの６つを行い、順番に構築していきましょう。

①リサーチ
②自分磨き
③アポ
④商品提案（プレゼン）

⑤クロージング
⑥SNS集客

6ステップありますから、時間はかかります。

でも、頑張るしかありません。

仕組みをきちんと構築するためには、どれか一つだけではダメなんです。

そして、これから行うのはひとりビジネスです。経営者であるあなた自身が、**トータルの力**を身につけなくてはいけません。

どうかこの本を最後まで読み、「稼げる人」を目指してください。

それではさっそく、つぎのCHAPTERから「**リサーチ**」について学びましょう。

CHAPTER 4

新世代の営業・リサーチ編

飛び込む業界のリサーチをしよう

リサーチは稼ぐための第一歩

どんな商品を扱うべきか、どうビジネスを進めるべきか、業界とトレンドを見極める。それが、リサーチです。

CHAPTER 2でもお話ししたように、稼げないビジネスを安易に始めてはいけません。競合が多すぎる業界では自分を選んでもらうことが難しいし、縮小産業ではそもそもお客さまを見つけることが難しいでしょう。**本当に飛び込んでもいい業界なのか**、それをまず見極めてほしいと思います。

そしてどんな業界であれ、時流に沿ったビジネスをしなければ生き残ることはできません。**社会全体の動きを見て、何に需要があるのか、どうすれば競合と差別化できるのか**を考える必要があります。

事前にしっかりとリサーチを行い、稼げる道を選択する。それが、新世代の営業の第1ステップです。

業界選びのチェックポイント

まずは、業界の状況について。

何を調べればいいか、そしてわかったことから何を考えればいいか。ポイントを4つご紹介したいと思います。

①業界にニーズがあるかどうか

最初に調べるべきは、**業界にニーズがあるかどうか**。

何かを売るにあたって、ニーズを意識しないわけにはいきません。

たとえば、子ども向けのサービスについて考えてみましょう。少子高齢化が急速に進んでいるいま、ニーズはどんどん減っています。縮小しつつあるような市場では、わずかなパイを奪い取るために大中小の企業が激しく争っています。個人が飛び込んだとしても、勝負は目に見えていますよね。

逆境のなかで戦っていけるだけの体力を持たない個人にとって、需要の大きいビジネスを選ぶことは絶対条件だと思ってください。

②競合がどれくらいいるか

競合がどれくらいいるかも、ニーズとあわせて調べておきましょう。

たとえ需要が大きいビジネスだったとしても、競合が多ければその他大勢のなかに埋もれてしまいます。自分のビジネスが勝ち抜いていけるものなのかどうか、見直す必要がありますよね。

では逆に、あまり競合がいなかった場合にはどう考えたらいいでしょうか？

その事業に需要がないのか、あるいは需要はあるものの、まだ事業化している数が少ないのか。

前者の場合は①でお伝えした通りです。個人が飛び込むのは難しいでしょう。

後者は、いわゆるブルーオーシャンです。パイオニアとしてかなり優位な立場に立てそうですよね。

ただし、油断はできません。有望な市場であった場合でも、いずれ力のある企業が入り込んでくる可能性があります。将来に備え、戦える体制をつくっておきましょう。

③コストと利益のバランス

資金も労働力も少ないひとりビジネスでは、**コストと利益のバランス**も確認してください。かけたコストに見合った利益が得られるのかどうか、業界のビジネスモデルや勢いを見極めるんです。

できるだけお金や時間を使わず、できるだけ高く売って利益を上げる。稼ぐ秘訣ですね。

初期費用や回転資金が大きいビジネス、手間がかかるビジネスを選ぶ際は、それだけの価値があるかを見極めてください。

④どんなリスクがあるか

最後に、**どんなリスクがあるか**について。

CHAPTER 2でご紹介したビジネスで言うと、転売では、商品が売れずに在庫を抱えてしまうリスクがありましたよね。

リスクゼロのビジネスなんて存在しません。商品が有形であれ無形であれ、ビジネスには何かしらのコストがかかります。コストを回収できず、マイナスになってしまう可能性は絶対にあるわけです。

大事なのは、**リスクの大きさ**です。

リソースが少ないひとりビジネスでは、十分なリスクヘッジをとれません。大きな損失が発生すれば、経営は修復不可能になるでしょう。だから、どんなにリターンが期待できたとしても、重大なリスクは避けておく必要があります。
業界の構造はどうなっているか。業界に参入した個人がどうなっているか。そうしたことを事前に調べ、極力リスクの小さい業界を選んでください。

以上が業界選びのポイントです。
参入するべき業界は、個人だからこそ慎重に考える必要があります。業界の状況を理解したうえで、稼げるか稼げないかを判断しましょう。

つぎからは、社会全体の動きについてご紹介します。どの業界でも必要な考え方をまとめているので、しっかり押さえておいてください。

おさえておきたい社会の動き

オンライン化は必須

いま売り上げを伸ばしているのは、ＩＴ投資をしている企業だけと言われています。

営業や製造の現場から人事総務といったバックヤードにいたるまで、あらゆる仕事はＩＴで効率化するのが当然の時代になりました。

人の代わりにシステムを使えば人件費を削減できますし、デジタルデータを活用すれば販促や業務改善にも役立ちます。いつまでもアナログにこだわっているのは、周りが鉄砲を使っているなか竹槍で戦っているようなものですよね。

ひとりビジネスにおいても、オンライン化は必須です。ゼロからシステムを開発することは難しいでしょうが、既存のオンラインサービスなどを活用し、仕事を効率化させてください。

これからのマーケティング戦略

「**AIDMA**」を知っていますか？

これは消費者の心の動きを表したモデルで、１９２０年代にアメリカで提唱されました。

Attention（注目）、Interest（興味）、Desire（欲求）、Memory（記憶）、Action（行動）の頭文字をとった略語になっていて、それぞれの詳しい意味はつぎの通りです。

「A」＝Attention（注目）　商品の存在を知る
「I」＝Interest（興味）　商品に興味を持つ
「D」＝Desire（欲求）　商品を欲しいと思う
「M」＝Memory（記憶）　商品を記憶する
「A」＝Action（行動）　商品を購入する

たとえばテレビＣＭである商品を見かけ（注目）、気になったとします（興味）。ＣＭをよく見て効果を知ると「欲しい」と思うようになり（欲求）、何度もＣＭを見ているうちに、どこのメーカーのなんという商品かを覚えます（記憶）。そして、お店でその商品を見つけて購入する（行動）、という流れです。

よくできたモデルですよね。でも、**もう古い**んです。

ＡＩＤＭＡは、テレビや新聞といったマスメディアが力を持っていた時代のモデルです。当時はマスメディアしか情報を得る手段がなかったので、広告を打てばたくさんの人に見てもらうことができました。

でもインターネットが発達した現代、テレビＣＭや新聞広告にかつてほどの効果はありません。

テレビを見ずにYouTubeを見る。新聞を読まずにネットニュースを見る。こんなふうに、娯楽や情報源は多様化しています。そもそもひとりビジネスの場合、大きなメディアで広告を打つこと自体難しいでしょう。

「新世代の営業」で参考にしてほしいのは、つぎに紹介する「**ＳＩＰＳ**」というモデルです。こちらも、各段階の頭文字をとった略語になっています。

「S」＝Sympathize（共感）　ＳＮＳで商品について共感できる情報に触れる
「I」＝Identify（確認）　商品に関する情報を調べ、どんなものか確認する
「P」＝Participate（参加）　商品を購入したり、キャンペーンに参加したりする
「S」＝Share & Spread（共有・拡散）　ＳＮＳで商品の情報を共有し、それが拡散されていく

たとえば、企業が「環境に優しくしています」とＳＮＳに投稿したとします。投稿を見た人が「良い企業だな」と感じれば（共感）、企業について検索し（確認）、企業の商品を購入します（参加）。その感想をＳＮＳに投稿すると、拡散され多くの人の目にとまる（共有・拡散）、といったことです。

ＡＩＤＭＡでは企業から一方的にマーケティングを仕掛けていたのに対し、ＳＩＰＳでは消費者からもリアクションがあります。消費者自《みずか》らが情報を発信し、商品の

宣伝にも貢献してくれているんです。

まるで、お客さまが広告塔になってくれるようなものですよね。ＳＩＰＳの流れをつくれば、マスメディアに広告に打たなくても多くの人に商品を知ってもらうことができるんです。

広告費にお金を割けないひとりビジネスでは、ＳＩＰＳを意識してマーケティングを行ってください。

ＳＤＧｓを知っておこう

「**ＳＤＧｓ**」はSustainable Development Goals（持続可能な開発目標）の略称で、２０１５年に国連サミットで採択されたプロジェクトのことです。

このプロジェクトでは、世界全体で協力して目指すべき17の目標を定めています。

それぞれの内容は、つぎの通り。

①貧困をなくそう

②飢餓をゼロに
③すべての人に健康と福祉を
④質の高い教育をみんなに
⑤ジェンダー平等を実現しよう
⑥安全な水とトイレを世界中に
⑦エネルギーをみんなに　そしてクリーンに
⑧働きがいも経済成長も
⑨産業と技術革新の基盤をつくろう
⑩人や国の不平等をなくそう
⑪住み続けられるまちづくりを
⑫つくる責任　つかう責任
⑬気候変動に具体的な対策を
⑭海の豊かさを守ろう
⑮陸の豊かさも守ろう
⑯平和と公正をすべての人に

⑰パートナーシップで目標を達成しよう

（EduTownSDGsより）

私も、ビジネスのなかでＳＤＧｓは意識しています。実績のない初心者やキャリアの少ない女性など、売り上げが伸びす苦しんでいる方を助けるなかで、①、④、⑤、⑧、⑨、⑩、⑪、⑯、⑰には貢献できていると思いますね。

ＳＤＧｓに取り組むと、「良いビジネスをしているんだな」と思ってもらえるようになります。同じビジネスをしていても、ＳＤＧｓを考えている人とそうでない人では、前者が選ばれるようになるんです。

競合より優位に立つうえで、ＳＤＧｓは軽視できません。 しっかり調べ、ブランディングに取り入れるといいでしょう。

CHAPTER 5

新世代の営業・自分磨き編

稼ぐための自分磨きとは

ひとりビジネスは自分が看板

私はよく、起業を考えている人に「自分だったら、どんな人から商品を買いたいと思いますか?」と質問をします。そして、「あなた自身、そんな人になれていますか?」とも聞きます。

とくに大企業で働いていた人は、この2つの質問についてじっくり考えてほしいと思います。

会社員時代、取引先が相手にしていたのはあなた個人ではありません。企業の看板を見て、企業の実績を知って契約をしてくれていたんです。その看板がなくなれば、あなたを選ぶ理由もなくなります。

カリスマ営業マンだったのに、独立したらうまくいかなくなった……。そんな話はよく聞きますよね。

ひとりビジネスでは、**自分自身が看板**なんです。

「稼げる人」はその人自身が魅力的

「自分を看板にしなくても、商品を上手にプレゼンできれば十分売れるんじゃない?」

そう思った人もいるかもしれませんね。

でも自分自身を売り込めると、どんなビジネスでも「稼げる人」になるんです。

たとえば私の場合、交流会などで会った人に商品の話はしません。自分のこれまでのキャリアや、仕事に対する自分の考え方を中心にお話ししています。

だから、最初は「この人は一体何を売っている人なんだろう」と思われているはずです。しかしそれでも、「仕事の相談をしたい」と問い合わせをもらえることがたくさんあります。

……これ、理想的だと思いませんか？

私がしているビジネスに関心があるわけではなく、私自身に関心があって声をかけてくれているんです。

ということは、私がそのときとは違うビジネスを始めたとしても、オファーをもらえる可能性があるということですよね。

自分自身が魅力的になることで、どんなビジネスでも、どんな商品を扱っていても「稼げる人」になります。稼ぐためには、自分磨きも大切なんです。

では、どのように自分を磨けばいいのでしょうか？

ポイントは、「**ふるまい**」「**見た目**」の２つです。

ふるまいを「稼げる人」に近づけよう

ふるまいから内面を変える

俳優さんや女優さんは、演じている役から大きく影響を受けます。ポジティブなキャラクターを演じると、自分自身もポジティブになる。几帳面なキャラクターを演じているときは、私生活でも几帳面になる。

ふるまいを変えると、内面や暮らし方も変わるんです。「稼げる人」に近づくには、ふるまいを真似ることから始めましょう。

「稼げる人」を演じる際は、お手本になる人がいるといいでしょう。

理想的な稼ぎ方をしている成功者を見つけ、**ロールモデル**にするんです。漠然とした「稼げる人」のイメージをもとに取り組むより、具体的なふるまい方を学べるでしょう。身近にいなければテレビに出ている人などでもいいので、見て研究できるような成功者を探してみてください。

どんな姿勢でビジネスと向き合っているか、毎日をどんなふうに過ごしているか、周囲とどうコミュニケーションをとっているか。「稼げる人」のふるまいをよく観察し、なりきってみましょう。

ロールモデルのそばで勉強する

ロールモデルのそばで働くと、ビジネスにおけるふるまい方を詳しく勉強できます。どんな職種でもいいので、ロールモデルが働いている姿を間近で見られるような仕事を探してみてください。

とくに私がおすすめするのは、「かばん持ち」です。

かばん持ちとは、上役につきしたがって身の回りの手伝いをする仕事のこと。スケジュール管理や書類の整理といった雑用がほとんどではありますが、さまざまな商談に同行できます。

かばん持ちには、ふるまいを学ぶ以上のメリットもあります。成功者であるロールモデルから直接助言してもらえる、ほかでは手に入らないような情報に触れられる、人脈が増える、などなど。

実際にかばん持ちをするのは大変だと思います。でも、「この人のかばん持ちになりたい」と思えるくらいの人をロールモデルにしておきましょう。

見た目で好印象を与えよう

人は見た目で判断する

ファッションや髪型、体形など、見た目にはしっかり気を使いましょう。

人は、相手のことを見た目で9割近く判断します。そして、一度植えつけられたイメージを変えることは簡単ではありません。

お客さまから「この人、身だしなみがきちんとしていないな」と思われてしまうと、成約は難しくなります。とくに高額の商品では、尊敬できないような人から買う気は起きませんよね。

中身を磨くのも大切ですが、まずは第一印象が悪いものにならないよう、見た目を磨いてください。

お客さまに不快感を与えてはいけない

長年営業を経験してきて、わかったことがあります。それは、**人は一瞬のストレスで行動をやめてしまう生き物である**ということ。

いよいよ契約するだけ、というときでも油断はできません。

「天気が悪くなってきた」「眠くなってきた」など、ちょっとしたきっかけで「契約はまた今度」となってしまうことがあります。人の心は、繊細なものなんです。

天候やお客さまの体調がきっかけであれば、仕方ないでしょう。でも、あなたがストレス要因になってはいけません。

あなたの見た目がだらしないと、お客さまは不快感を覚えます。「この人の服、しわしわだな」「寝ぐせついてるな」といったことが気になり、そのストレスが契約をやめるきっかけになってしまうかもしれないんです。

せめて自分のせいで不愉快な思いをさせないよう、見た目には細心の注意を払ってください。

自撮りで自分をチェックしよう

スマホで自撮りをしてみてください。

大事なことなので、いったん本を置いて、必ず撮ってほしいと思います。

……いかがでしたか？

普段から自撮りをしているのでなければ、たいていの人は「自分はこんな顔だったのか」とショックを受けるのではないでしょうか。

このCHAPTERの冒頭では、「自分だったら、どんな人から商品を買いたいと思いますか？」とお聞きしましたよね。これから、自撮りに写った自分をそのイメージに近づけていってください。

近づいているかをチェックするために、**自撮りは毎日続けてください**。

そして、確認してください。あなたの見た目は、「この人から商品を買いたい」と思えるようなものでしょうか?

このご時世、見た目について指摘してくれる人はいません。自分のことは自分でチェックしていくのが一番安心です。

つぎからは、より良い印象を与えるためのノウハウを男女別にご紹介します。

人によっては、「自分はこうありたい」という理想やこだわりがあるでしょう。

でも、ビジネスシーンで好ましいふるまいや見た目には、ある程度セオリーがあります。「稼ぐため」と割り切って、まずは実践してください。

好印象を与えるノウハウ・男性編

男気《おとこぎ》を持とう

ふるまいのポイントとしては、まず「**男気**」があります。


男気とはなんでしょうか?

私が思う「男気ある男性」の例は、プロ野球選手。

彼らの人生は野球漬けです。小学校や中学校では、地域のリーグ戦。そして高校生になると甲子園があって、そのままプロになる人もいれば、大学や社会人野球を経て、プロの世界に入る人もいる。

その過程で、上に進むたびに淘汰につぐ淘汰を受けます。四の五の言っている余裕なんかない。どうやって生き残るか、ものすごい生存競争のなかにいるわけです。

それでも、プロを目指す彼らは逃げません。自分と向き合い、追い込んでいく。ときに残酷な結果を示す数字からも、理不尽な環境からも逃げない。夢を叶えるというのは、それくらい大変なことなんだと思います。


これは、ビジネスの世界でも同じです。

本気で稼ごうとしている人は、若いころから自己投資を始めています。資金をかき集めて会社を立ち上げ、寝る間も惜しんで商品をつくり、売り上げを伸ばすべく事業戦略を練り……。軌道に乗ったら上場して、さらに事業を拡大させます。

具体的に行動し、自分や自分を取り巻く環境と向き合い、困難な状況から決して逃げないこと。それが、男気です。


ひとりビジネスを始める皆さんに言いたいのは、「覚悟を決めて現実と向き合ってほしい」ということです。

現実とは何かといえば、いま現在、思うようには稼げていない自分です。

その自分と決別して、稼げる自分に生まれ変わる決意をする。そして具体的に行動する。そうすれば、皆さんの放つオーラは男気にあふれるようになり、多くの人が集まってくるようになるでしょう。より多くの人を自分のビジネスに巻き込み、ビジネスを成長させることができます。

「男気」というキーワードを胸に、ふるまいを見直してみてください。

さわやかさを意識する

見た目については、「さわやかさ」が大切です。

とくに、中年以降の男性に意識してほしいポイントです。「清潔感」と言い換えてもいいかもしれません。

男性の場合、女性よりも汗や皮脂がたくさん出ますよね。夕方くらいになると、どうしても肌がテカったり、髪がベタついたりしがちなんです。

「仕方がない」なんて自分では納得していても、周囲の人やお客さまは「仕方がない」で済ませてはくれません。**「生理的に無理」と思われてしまっては、ビジネス以前の問題**です。

見た目で不快感を与えてしまうと、商品を買ってもらうどころか、会うことも断られるでしょう。清潔感には、つねに気を配ってください。

アナウンサーの真似をしよう

見た目を整えるにあたって参考にしてほしいのは、アナウンサーです。

アナウンサーは、視聴者に不快感を与えないよう細心の注意を払っています。だからつねに清潔感があって、ファッションもスマートです。ビジネスをするうえでは、まさに理想的ではないかと思います。

では、具体的にアナウンサーのどんなところを真似すればいいのでしょうか。

まず着るものですが、男性の場合はスーツが基本になると思います。品の良いビジネスカジュアルなどもいいですが、コーディネートにはセンスが求められます。スーツが一番無難でしょう。

スーツは、体型に合っていれば高価なものでなくても問題ありません。もし余裕があれば、シャツやネクタイをブランドものにしたり、カフスに凝ったりするとお客さまとの話の種になります。


また男性で気になる部分といえば、やはりお腹ですよね。お腹がぽーんと出ている人は、「自己管理ができていないんだな」と思われてしまいます。アナウンサーも人前に出るお仕事ですから、目立つほど太った人はほぼいません。

よく言われる話ですが、欧米では、「太っている人＝自己管理ができない人」です。どうか見苦しくない体形でいてください。


ほかに、歯も大切です。欧米では、黄ばんだ歯も敬遠されています。

これからの打ち合わせは、リモートが主流ですよね。相手のモニターには、あなたの顔のアップが映ることになります。黄ばんだ歯でマイナスイメージを与えないよう、意識してケアするといいでしょう。

好印象を与えるノウハウ・女性編

知性・愛嬌・品格のバランス

「稼げる女性」って、どんな人でしょうか？

男性と同じようにバリバリ働く人、そんなイメージを持ってはいませんか？

そんな女性も素晴らしいとは思いますが、見せ方においては得策ではありません。

女性には女性の強みがあります。女性らしい包容力で、自分を演出しましょう。

「稼げる女性」のポイントは、「**知性**」「**愛嬌**」「**品格**」の3つです。

知性

知性があると、「仕事ができそう」と思ってもらえます。ビジネスパーソンとして一目置かれるような、深く、幅広い知識を身につけてください。

ただ、知識の蓄積には時間がかかります。

最初はふるまいから変えてみましょう。メールで誤字脱字をしない、口を大きく開けない、語尾は伸ばさないなど、簡単なことで構いません。そして徐々に、ビジネスの勉強をして本来的な知性を備えた人になってください。

勉強のやり方にはコツがあります。

漠然と知識を眺めていても、なんの意味もありません。インプット（情報収集・知識習得）するのは、いつかアウトプット（人に話す・伝える）に活かすためですよね？　学びをどこで役立てるか、考えながら行ってください。

愛嬌

愛嬌は、「バカっぽさ」と言い換えてもいいでしょう。もちろん、ただのバカではダメです。**お客さまに居心地の良さを与える**、そんなバカになってください。

ちょっとした自虐は、場の雰囲気を柔らかくします。

私の場合、「アナログ人間なもので、ＩＴには苦手意識があって……」というお話をよくします。弱みを見せると親近感を持ってもらえるので、距離がぐっと縮まるんです。すると、商談も進めやすくなります。

お客さまの機嫌をとりつつ、自分の思う方向に相手を動かす。あざとく知性を裏で働かせるのが、お客さまに良い印象を与えるコツです。

品格

品格は、知性と愛嬌のバランスをどうとるか、空気を読みながら判断する能力だと思ってください。

知性だけを前面に出せば、お客さまのプライドを傷つけてしまう。逆に愛嬌だけを使っていると、軽く扱われるかもしれない。どちらかだけでは、不十分なんです。

ほどよく知性を醸《かも》し出し、ほどよく愛嬌でリラックスさせる。そんな「**バカできる賢さ**」を演出するのが、私の考える品格です。

ビジネスパーソンとして評価されるための知性、親近感を与える愛嬌、そして全体のバランスをとる品格。この3つが、女性にとって必要なふるまいのポイントです。

つぎからは、見た目の整え方についてお話しします。日々のお手入れとファッションについて、それぞれコツを伝授しましょう。

美容の肝は肌と髪

6000人以上を教えるなかで、うまくいく女性は見た目にも気を使っている傾向にあることがわかりました。

肌がきれい、化粧をきちんとしている、目力《めぢから》がある、髪は艶っぽくて巻いている、コンサバファッションを着こなしている、ヒールが高い、歯が白い、などなど。

とくに、肌は大切です。肌がきれいであれば成功するとは限りませんが、**成功者は例外なく肌がきれい**です。

「成功しているから、肌磨きにお金と時間をかけられるんだろう」という考え方もあるかもしれません。でも、それだけではないと思います。

うまくいっているときって、肌がきれいになります。内面の調子の良さが肌に出るんですね。肌がきれいだとお客さまへの印象が良くなりますから、商談もうまくいきやすくなります。稼げると美容にかけられるお金も増えて、より肌がきれいになり……と、好循環をたどることになります。


もちろん、肌質や疾患の問題で、どうしても状態が良くない人もいるでしょう。でも、そうでもないのに肌に無頓着でいるのはもったいないと思うんです。

「美容に使うお金がない」という場合もあるかもしれませんが、お金をかけずにできることだってたくさんあります。しっかり睡眠をとる。ストレスを抱えない。あるいはメイク用品を安いものに替え、高品質の基礎化粧品を使うようにしてみる。やり方は何かしらあるものです。

手間ひまはかかりますが、肌をきれいにすることにはそれだけの価値があります。ビジネスの調子が悪いときは、肌を変えてみてください。きれいになった肌を見れば、自信も湧いてきますから。

髪にも注意してください。

白髪が出始めたら**カラーリングは必須**です。男性の場合は白髪が貫録《かんろく》にもなりますが、女性の場合、「ケアをしていない」と見られがちです。

また、髪がごわごわしているとだらしない印象を与えます。ハリとコシを保つため、トリートメントは丁寧に行うといいでしょう。

肌や髪が若々しく健康に見えるだけで、好感度は確実に上がります。お客さまに選ばれる女性になるため、手間を惜しまないでください。

トップスと靴にお金をかける

つぎに、服装について。

女性の場合、スーツでぴしっと決めすぎるより、少し崩したビジネスカジュアルが好印象です。コーディネートは大変ですが、おしゃれに着こなせるよう頑張ってみてください。

服を選ぶときは、**上半身を意識する**こと。

じっくり人と話すときって、机を挟んで椅子に座ることが多いですよね。だから、上の服しか見られないんです。それに、いまは直接人と会う機会が減ってきました。オンライン打ち合わせでも、相手に見えるのは上半身だけです。

コストをかけるのは、最初のうちは上半身だけで問題ありません。トップスにバリエーションがあれば十分。極端な話、ボトムスは黒いスカート1枚でなんとかなると思います。

ただ、良いものを揃《そろ》えるにはお金がかかります。

そこでおすすめなのが、**洋服のサブスクリプションサービス**。私が使っているサービスでは、トップスは月に8着、新しいものを試すことができます。だから、基本的にはこれらを着回していればＯＫ。

たまに、自分なら絶対に買わないような服も選んでみましょう。着てみると案外似合うことがあり、コーディネートの幅が広がります。いろいろな服を試せるぶん、ファッションセンスも磨かれるわけですね。

最後に靴。

よく、「**靴を見ればその人のレベルがわかる**」と言われます。

もしビジネスでお客さまと直接会う機会があるのなら、ある程度の価格の靴は持っていたほうがいいでしょう。

高価な靴は、きちんとお手入れすれば長持ちします。安い靴を買い換え続けるよりコストパフォーマンスも良くなるので、お金をかけるようにしてみてください。

CHAPTER 6

新世代の営業・アポ編

できる営業マンの「紹介される営業」

見込み客づくりに四苦八苦する昭和営業

業界の状況や社会全体の動きを見て、どんなビジネスを始めるか決めた。

自分を磨き、印象の良い人になった。

いよいよ、具体的な営業活動のスタートです。商品を売り込むべき、見込み客を探しましょう。


ここでのポイントは、**自分の力だけで見込み客をつくらない**こと。

自分の足を使う・自分の人脈だけを使って探し出すのは、昭和営業のやり方です。

新世代の営業ではありません。

ではなぜ、昭和営業の見込み客づくりはダメなのでしょうか？　問題点を確認してみましょう。

まず昭和営業では、つねに一定数の見込み客を維持しておく必要がありました。見込み客をつくり続けるには、人脈が必要です。プライベートを使ってでも異業種交流会のような場所に出かけ、名刺を集めて回らなければいけません。そうして手に入れた連絡先にアポを仕掛け、飛び込み営業をひたすら続けます。

最初のアポがうまくいけば、二度目のアポをとる。うまくいかなければ、別の見込み客を探して交流会に出る。つねにやるべきことがありますから、時間はいくらあっても足りません。

でも、どれだけ忙しく営業活動をしても、成約できるケースはわずかです。大変さと成果が釣り合っていないんです。

やがて疲れ果て、調子を崩してトークでも失敗するようになり、すると断られるので新しい見込み客づくりが必要になり、さらに疲れ……。こういった悪循環を繰り返すのが、昭和営業のダメなところでした。

足を使って、新しい見込み客を自力で探そうとすれば体力を消耗します。ひとりビジネスではやることがたくさんありますから、見込み客づくりだけに時間を割くわけにもいきません。

どうすれば、効率よく見込み客をつくれるのでしょうか？

その秘訣は、「トップ営業マン」の手法にあります。

紹介で見込み客をつくり続ける

トップ営業マンがトップでいられる理由。それは、契約してくれる確率が高い人を見込み客にしているからです。

そんな見込み客をどう見つけるのかといえば、**お客さまから紹介してもらう**んです。

自分の人となりを知っている既存顧客に頼んで、商品に興味がある人を紹介してもらうわけです。

自分のことも商品のこともまったく知らない人と、知り合いの知り合いで、商品に関心を持ってくれそうな人。どちらにアポをとるべきか、明らかでしょう。

1日は24時間しかないですよね。成約しにくい人と会って、無駄撃ちをしている暇はありません。

お客さまが別のお客さまを連れてきてくれる、そんな人間関係をつくれるかどうか。ここで、営業成績に大きな差がついてしまうんです。

ただ、いまはビジネスのスタート段階。そもそも紹介をしてくれるお客さまがいないことには、何も始まりませんよね。

そこで、今回はゼロから見込み客をつくる方法をご説明します。

最初のお客さまにどうアポをとり、そこからどのように「紹介される営業」に入ればいいか。流れは、つぎのようになります。

①見込み客のリストをつくる

②リストに挙げたすべての人に連絡する

③実際に会って話をする

④人脈の縦掘りをする

つぎから、順を追って説明していきます。

ゼロから見込み客をつくろう

①見込み客のリストをつくる

まずは、アポをとる相手を探しましょう。

自分の人脈から、連絡がとれる人を100人リストアップしてください。

小学校卒業以来会っていないけど年賀状だけは来る、といった相手でも構いません。

昔のアドレス帳から引っ張り出してきてもいいでしょう。Facebookなど、SNSでつながりがある人も入れてください。

いつも通っている美容室の美容師さんとかクリーニング屋さん、居酒屋のマスターなども誘いやすいと思います。

実際に会える。電話ができる。メールやＬＩＮＥのやりとりができる。そんな人を書き出すと、誰でも１００人くらい営業先は見つかるものです。

実際、書いていくうちに、「あ、こんな人もいた」とか「そういえば、あの人どうかな」と、いろいろと思い出すことがあります。だからこそ、実際に書き出すリストアップの作業は重要なんです。

大事なのは、すべてをリストアップすること。「この人には営業したくないな」と感じても、とにかく数に入れてください。**人を選ぶのは、リストアップではなくピックアップ**です。

同様に、「この人はお金なさそうだし、きっと買わないな」と、勝手に他人のお財布事情を推測し、リストから外すのもやめてください。

お金がなさそうに見えるものの、実は無駄づかいをしないだけの人だっています。本当にお金のない人であっても、あなたと商品に魅力を感じれば、なんとか工面してもらえるかもしれません。

とにかく、自分が連絡できる人をちゃんと可視化する。

リストアップした一人ひとりが、理想の実現を手伝ってくれる人かもしれないんです。可能性はできるだけ広げておきましょう。

②リストに挙げたすべての人に連絡する

リストが完成したら、その人たち全員に連絡をします。

連絡と言っても、いきなり商談を始められる相手ばかりではないでしょう。まずは「SNS見たよ」「元気にしてる？」など、雑談から入るのがおすすめです。話がはずんできたら、会う約束を取りつけてください。

実際にリアルで会えればベストですが、距離の問題で難しいこともあるでしょう。そうであればオンラインでも構いません。とにかく顔を合わせて話ができるよう、誘導してください。


アポをとる際、ただ「会おうよ」と言うのはNGです。

「会おうよ」だけでは、相手に「いや、別に会わなくても……」と断られて終わる可能性があります。

「元気？　会おうよ。平日と土日、どっちがいい？」と、**会うことを前提に、選択肢を提示してください**。

「どっちがいいか」と言われたら、どちらかを選ばざるを得なくなります。心理学の「選択話法」というテクニックですね。

そして会えるとなったら、何時でも対応できるようにすること。

会うのをやめたら、理想の月収が数段階は遠のくと考えてください。

ひとりビジネスの営業時間は、最初のうちは24時間だと思いましょう。「○時から○時までが仕事」という考え方は捨ててください。

③実際に会って話をする

アポをとったら、いよいよ実際に会って話をします。

おそらく、ここが皆さんにとって一番ハードルが高いのではないでしょうか？

リストアップした人たちはプライベートの知り合いが多いと思いますので、ビジネスの売り込みをするのはかなり抵抗があるでしょう。

私も保険の営業で同じような経験をしているので、その気持ちはよくわかります。

ただ、だからといってビジネスの話をしないのはありえませんよね。


実は、**ひとりビジネスで最初にお客さまになるのは、あなたをよく知っているプライベートの知り合いである可能性が一番高い**んです。


考えてみてください。

あなたと関わりの浅い人が相手なら、その後の付き合いがどうなってもとくに問題がないので商談しやすいと思うかもしれません。

でも相手からすれば、「なんでほとんど付き合いのないあなたにお金を出さなきゃいけないの？」という話です。偶然「これ、欲しかったんですよ！」と乗ってくれば商談は成立しますが、そんな幸運、そうそうありませんよね。

となると結局、最初に商談をするべきは親しい人になるわけです。

どうしても抵抗がある場合は、**正直に現状を話し、練習台になってもらう**のがおすすめです。

会ったときに近況報告をしながら、9割くらい相手の話を聞き続けます。そして頃合いを見て、「実は……」と切り出しましょう。

「ビジネスを始めたばかりで、営業に自信がないんだ。ちょっとトークしてみるから、意見もらってもいいかな?」

こんなふうに、練習として営業トークを披露します。相手も自分の話を聞いてもらったあとなので、断らずに協力してくれるでしょう。

いきなりトークをするのが恥ずかしい場合は、相手へのヒアリングという形で行うのもいいでしょう。

「いま、いろいろな人のニーズを知りたくて取材をさせてもらってるんだ。ちょっと協力してもらえないかな?」と、相手が抱えている悩みを聞いてみてください。ビジネスのヒントになるはずです。

実際に売ることはできなくても、得るものはたくさんあるんです。とにかくリストの１００人と会い、営業トークやヒアリングをしてみましょう。

④人脈の縦掘りをする

営業トークが成功し、見事に商談が成立することもあるでしょう。あるいは、本当に練習台になってもらっただけで終わる場合もあると思います。

いずれにしても、必ずやってほしいことがあります。

それは、**話をした人に知り合いを紹介してもらう**ことです。

向こうにも、友だちは１００人くらいいるでしょう。その全員を紹介してもらうのはさすがに無理でしょうが、あなたの話に興味がありそうな人を2、３人でもいいので紹介してもらうんです。

商談が成立した相手からの紹介であれば、「○○さんも買ってくれて、喜んでくれたんだ」と商品の実績を紹介することができます。うまくすれば、また商談が成功するかもしれません。

目の前の相手に営業をするだけでなく、その知り合いを紹介してもらって見込み客にする。これが、縦掘りです。

当然、気持ちよく紹介してくれる人ばかりではないでしょう。むしろ、嫌がられる可能性のほうが高いと思います。

その場合には深追いはせず、商談を終えましょう。あまり深追いしても見込み客が見つからないばかりか、人間関係が壊れてしまうかもしれません。

お金につながらないことを頑張るのは、時間の無駄です。

「ダメだったか。つぎいこう、つぎ！」

そんなふうに考えてみてください。切り替えの早さ、大事です。

CHAPTER 7

新世代の営業・商品提案編

営業トークの基本

結論から話し、引き込む

営業トークにもコツがあります。

どうすればわかりやすく伝えられるか、どうすれば商品に興味を持ってもらえるか、どうすれば購入につながるか。頭を使って話さなければいけません。

そこでこのCHAPTERでは、成約に結びつく話し方のノウハウをご紹介します。


まず大切なのが、話の順番です。

あなたは何かを説明するとき、

「○○だからこう、そして△△だからこう。その結果、××となるんです」

と、理由を先に話して、結論をまとめるタイプですか？

それとも、

「これを使うと、××になるんです。というのも、◯◯で、しかも△△だからです」

と、結論から話すタイプでしょうか？


営業トークとしての正解は、「**結論から話す**」です。商品がどんなものかを端的に伝えなければ、「なんの話をしてるの？」「何が言いたいの？」と思われてしまうでしょう。

営業トークの序盤では、お客さまが興味を持ちそうな話をするのも大切です。


テレビショッピングを想像してみてください。

最初に商品のインパクトのある部分を映像で紹介して、そのあと、なんでそれがそんなにすごいものなのか、根拠を説明していきますよね。

視聴者は、この順番だから最後まで見てくれるんです。ながながと商品の仕組みだの開発秘話だのが流れていれば、途中で飽きてチャンネルを変えてしまうでしょう。

営業トークも同じです。インパクトのある結論を最初に伝え、相手の心をしっかり動かす。そのあとで、じっくりと説得にかかるんです。「**つかみ**」を意識して話しましょう。

ビジネス用語、ネット用語を使う

語彙も大切です。基本的なビジネス用語はきちんと押さえておきましょう。

私が一時期働いていたベンチャー企業では、社員がみんなカタカナのビジネス用語を使っていました。当時の私にはわからない言葉も多く、恥ずかしい思いをしたのを覚えています。

ビジネス用語の語彙がないと、商談にも支障をきたします。ただ「語彙がない人」ではなく、「ビジネスがわかっていない人」という印象を持たれてしまうんです。すると、相手にされなくなってしまいます。

逆にビジネス用語を使いこなせれば、それだけで信頼感はアップするでしょう。

ここでは、知っておくべきビジネス用語をいくつかまとめてみました。知らない言葉があったら、この機会に覚えてください。

・フィックス
決定する。双方で合意したもの、変更できない条件などに関しても使う。
使用例：「これはフィックス事項です」
↓決定されたものなので、その内容は覆《くつがえ》ることはありません。

・コミット
目標の達成に対し、責任を持って仕事をすること。
使用例：「50％の利益拡大にコミットします」
↓50％利益を拡大できるように仕事をします。

・シナジー効果
相乗効果。複数の企業が協力することで、より良い結果が期待されるときに使われる。

使用例：「弊社と御社が組めば大きなシナジー効果が生まれるだろう」

↓弊社と御社が組めばより大きな効果につながるだろう。

・スキーム

計画や枠組み。

使用例：「この案件のスキームをまとめてください」

↓この案件の計画をまとめてください。

・BtoB（Business to Business）

企業を顧客にするビジネス。

使用例：「BtoB 商品の販売サイトを構築しよう」

↓企業が利用する商品の販売サイトを構築しよう。

・ペルソナ

理想的な顧客像。ターゲットにするべき人の具体的なイメージ。
使用例：「新商品のペルソナをつくっておいてください」
　↓新商品のターゲットを具体的につくってください。

あまり多用しても不自然になってしまうことがあるので、慣れないうちは控えめに使うのがいいでしょう。

また、ビジネスをオンライン化するのであれば、ネット関連の用語もおさえておきましょう。たくさんありますが、たとえばつぎの2つがあります。

・LP（ランディングページ）

商品の申し込みページ。

・アナリティクス
サイトに訪れた人の人数、閲覧者の端末などを分析すること。

SNSについてはあとで詳しくお話ししますが、Twitter や Facebook、Instagram といったSNSの名称も覚えておきましょう。

柔らかく伝える

営業をしていると、「なんでわかってくれないんだろう」とイライラしてしまうこともあるかもしれません。

相手が間違っているのであれば、それを自覚させ、考えを改めてもらう必要があります。でも、たとえお客さまのほうが間違っている場合であっても、はっきり指摘しすぎてはいけません。

私の場合、たとえ話を使って相手を傷つけないように話を持っていきます。相手と似た立場にいる架空のキャラクターをつくり、そのキャラクターが間違っている、ということ話をするんです。

「○○さんと同じような業界の経営者で、××さんという人がいます。今回のコロナで、『経営がボロボロになってしまった』とご相談にいらしたんですが、なかなか話を聞いてくれなくて。

オンラインを導入しましょうと何度もお話ししているのに、『自分はアナログな人間だから』って言って、ほかのやり方を求めてくるんです。

経営の仕組み自体を変えていかないと、生き残れないのに……。あ、○○さんなら、当然おわかりですよね、そんなこと」

要は、「○○さん、あなたいまのままでは生き残れませんよ」ということを遠回しに伝えているわけです。相手の図星をついてしまうような鋭い指摘は、**たとえ話でオブラートに包む**ようにしましょう。

商品提案テクニック

「買うべき」と気づかせよう

商品を提案するときには、押し売りをしてはいけません。

大切なのは、**お客さまに自分で気づいてもらう**こと。「買うべき」と気づいてもらえるよう、ヒントを与えるのが新世代の商品提案（プレゼン）なんです。

気づかせる商品提案のコツは、つぎの３つ。

- 商品の良さを客観的な評価で示す
- 商品を購入しなかったらどんな未来が待っているかを見せる

・「おトク」感と「いまだけ」感で購入を決心させる

具体的にどう話せばいいかは、シミュレーションをしながらご説明します。

客観的な評価を伝える

今回販売するのは、集客に役立つWebシステム。売り上げが伸び悩んでいるお客さまに対し、商品の魅力を伝えていきましょう。

まず、「営業トークの基本」で説明した通り、話の初めの部分で結論を言い切ってしまいます。

「いま、集客に悩まれているんですよね。そんなあなたに使っていただきたいのが、このシステムです」

さらに、相手が興味を抱きそうな内容を続けます。序盤の「つかみ」ですね。

「集客システムを使えば、このご時世でも新規のお客さまを集めることができます。これはこのシステムを導入いただいたある店舗の集客数の動きですが、実績を見てください。いったん急減したお客さまが、元に戻る以上に増えていますよね」

つぎに具体的な数値や利用者のコメントなど、**商品の客観的な評価**を伝えます。多くの人が商品を認めている、という事実をお話しするんです。

「このシステムはまだ販売を始めて3カ月くらいなんですが、もう◯件も導入していただけました。いまも、△件以上のお問い合わせをいただいています。

こういうシステムって、普通もう少し時間をかけて検討されるものなんです。この短期間でここまで反応があるなんて、私自身驚いているくらいです。SNSで紹介したら『いいね！』の数もこれだけついて、何件かコメントもいただいています」

購入者の声を伝える場合、**コメントを寄せてくれた購入者の状況、相手との共通点**に触れておくとより関心を持たれます。

「こちらのコメントをくださった人は、◯◯さん（目の前の商談相手）と同じようなスキームのビジネスを手掛けていましたが、コロナでお客さまが離れてしまったそうです。そこでこのシステムをご紹介したところ、大変ご満足いただけて……」

未来を想像させる

商品の評価を伝え終わったら、「**なぜいまこの商品が必要なのか**」について、社会的な状況とともに説明します。

「言うまでもありませんが、どの業界も集客が難しくなっていますよね。不況は、コロナが収まっても続くと言われています。しばらく売り上げは戻らないと思ったほうがいいかもしれませんね。

ある大手メーカーでは、週休4日制にして、給料をこれまでの6割にするそうです。大企業でも、それだけ厳しいってことです。いまの不景気が続けば、中小企業や個人事業主なんて本当にひとたまりもないと思いませんか？」

ひと通り脅し終わったら、改めて商品の紹介をしましょう。

「この状況を乗り切るためには、いまから対策しておいたほうがいいんじゃないかと思うんです。

いま以上の大不況になったら、私のシステムでもどこまでリカバリーできるかはわかりません。でも、何も手を打たずにいたら、完全にアウトになってしまいます。

だから、いまのうちにシステムを導入してほしいんです。そうすればきっと、『あのとき準備しておいてよかった』と感じてもらえると思います」

ここでのポイントは、購入しなかった場合に予想されるデメリットを強調すること。

人が行動するのは、「夢」があるときと、「恐怖」を感じたときです。

「夢を語ったほうがポジティブでいいんじゃないか?」と思うかもしれません。でも、実は恐怖を伝えるほうが効果的なんです。

たとえば、「この運動をすると体質改善ができる」と言われたとします。初めの数日は熱心に運動したとしても、三日坊主でやめてしまう人は多いでしょう。でも、「このままだと死亡リスクが5倍に高まるから、最低でもこれはやるべき」と言われたら、3日以上長続きしますよね。

夢よりも恐怖のほうが、強い動機になりやすいんです。これは人というよりも、生物としての危機回避の本能かもしれません。

さて、お客さまはかなり不安になってきました。ここで少し、空気を良くするために優しい言葉を投げかけましょう。

「厳しい状況ですけど、もちろんあなたが悪いわけではないんです。ほかの経営者の方も、皆さん不況で困っています。どうすればいいかわからなくなっているのも、システム導入に足踏みしているのもあなただけではありません。こう言っている私だってアナログ人間で、ITには抵抗がありましたから（笑）」

「おトク」感と「いまだけ」感

柔らかい雰囲気をつくれたら、いよいよ購入へと誘導していきます。

「私はいま、**商売というよりも、『みんなで助け合いましょう』という気持ちでこのシステムを皆さんにお分けしているん**です。まだ始めたばかりなので、できるだけ多くの皆さんに使ってもらって、どんどん改善していきたいと思っています。だから、**いまなら定価の半額**でご提供できます。開発コストをぎりぎり賄えるかどうかというところなんですが、なんとか皆さんと力を合わせてこの状況を乗り切れればと思っているんです」

ポイントは、**「おトク」感と「いまだけ」感**です。

普通ではありえないほど安い。いまだけ安い。

「買うべき」と感じてしまいますよね。ついセール品や期間限定商品を買ってしまう、あの感覚をくすぐるんです。


いかがでしょう。

商品提案の流れが、なんとなくつかめたのではないでしょうか。

WEBシステムを例にとってシミュレーションしましたが、この流れはどんな商品を売るときでも同じです。

「買うべき」と気づかせるため、少しずつヒントを与える。それを意識しつつ、商品を提案してみてください。

CHAPTER 8
新世代の営業・クロージング編

クロージングとは

クロージングはクロージング前から始まっている

クロージングとは、お客さまと契約を結ぶ段階のこと。

「契約できなければ売り上げにならない。ここが正念場だ！」

そんなふうに気合を入れてしまう人が多いんですが、新世代の営業において、クロージングは難しいものではありません。

これまでのステップを思い出してください。

知り合いから紹介してもらった、商品に興味があるお客さまを相手にしている。ふるまいと見た目で好印象を与え、「この人からものを買いたい」と思ってもらっている。商品提案のなかで、「買うべき」と気づかせている。

こうしたことができていれば、自然と成約に向かうはずですよね。

つまり、**クロージングはクロージング前から始まっている**んです。

勝負はクロージング前に9割方決まっていて、最後に契約させるひと押しがクロージングだと思ってください。

買わない言い訳を論破する

では、最後のひと押しで必要なことは何か。

それは、**「買わない理由」をなくす**ことです。

「お金がないから」と言われたときに、その商品の良さをアピールしてもあまり意味がありません。

だって、本当にそうなのかは別として「お金がないから買わない」と言っているんですから。もう一度商品の良さを説明して「じゃあ買います」となったら、「お金がないと言っていたのはなんだったの?」という話です。
だから、「○○がない」と言われたら、○○の部分を解決してあげる必要がありま
す。「よく考えてみてください」と○○があることに気づかせるか、「こうしたら○○
をつくれますよ」と提案するんです。
「○○がない」を一つひとつ潰していくことで、「買う」以外の選択肢をお客さまか
らなくしていけるはずです。「ほしいけど、○○がないから」と言われたら、「○○を
潰せば買ってくれるんだ」と前向きに考えてください。

つぎからは、具体的に「○○がない」の潰し方をご説明します。
なお、同じ「○○がない」という言い訳であっても、ここで紹介した例とは事情が
違う場合もあります。あくまでも一例ととらえ、臨機応変に対応できるようにしてほ
しいと思います。

●「お金がない」への返し方

「○○がない」で一番多いのは、やはり「お金がない」です。

「お金がない」と言うお客さまについて、パターンは2つあります。

一つ目は、そもそも購入する気がないので「お金がない」を言い訳にしているパターン。この場合、いくら話をしていてもお互いに時間の無駄です。

二つ目は、本当に購入したいけれどお金がないパターン。「どうしようもないんじゃない？」と思うかもしれません。でも、手はあります。

お客さまにお金のつくり方を教えてあげればいいんです。

と言っても、もちろん非合法なことをすすめてはいけません。

一番簡単なのはクレジット決済です。分割払いを利用すれば、いま手元にお金がなくても商品を買ってもらうことができます。

もちろん、借金をしてまで買おうとは思わないという人もいるでしょう。その場合は、**買うデメリットと買わないデメリット**を伝えてみてください。

買うデメリットは借金を背負ってしまうことです。でも月々の返済額をちゃんと返せる範囲内に抑えておけば、毎月使えるお金が少し減るくらいで済みます。

買わないデメリットは、商品によってさまざまですね。「買った場合と買わなかった場合で未来がどう変わるか」を想像させるといいでしょう。

たとえば、美容系の商品を提供している場合。

商品を購入しなかったら、数年後は予想以上に老化が進んでいるかもしれない。一方で商品を購入した場合は、肌のハリを保ち、若々しいままでいられるかもしれない。そんな未来を考えてもらうんです。

商品を買わないデメリットが買うデメリットを上回れば、買ってもらえるはずですよね。2つのデメリットを並べ、比較してもらうといいでしょう。

ただ、忘れないでほしいことがあります。そんなふうに説得してお金をつくってもらうときは、あなたにも大きな責任がかかっています。

自分の商品に、借金してもらうだけの価値があるか。つねにビジネスを見直すようにしてください。

●「時間がない」への返し方

「時間がない」も、よく聞く言い訳ですね。教材やフィットネス用品など長期的に使ってもらう商品では、「買っても時間がなくてやらなくなりそうだから」と思われてしまうことがあります。

この場合は、お客さまにスケジュールを書いてもらうといいでしょう。お客さまが24時間をどのように使っているのか、一緒に再確認するんです。

「毎日お忙しそうですね。でも、どこかで時間をつくれるかもしれないから、一度、1日をどんなふうに過ごしているか教えてもらえますか？」

こうすると、たいていの人は1日に1~2時間程度、空いている時間を見つけることができます。

「時間がない」という人でも、意外とやらなくていいことをしていたり、どう考えても効率の悪いことをしていたりします。だいたいの場合、**「時間がない」は勘違い**なんです。

お客さまと一緒に考えて、空いている時間を見つけてあげましょう。

ただ、空いている時間を見つけても、「1日1時間くらい、だらだらする時間が欲しい」という人もいます。その場合は、その1時間がどれだけ大切かを教えてあげてください。

「1日あたりは1時間ですけれど、これが1年になったら365時間です。これだけの時間を無駄にしていたら、相当なタイムロスですよね。人生を変えられるようなことに取り組んだほうが、有意義だと思いませんか?

いまなら、十分時間はあります。ずるずる先延ばしにしていたら、それだけ使える時間は減っていきます。決めるなら早いほうがいいですよ」

こんなふうに**タイムロスに気づかせる**ことで、お客さまのモチベーションを上げることができます。

●「わからない」への返し方

世間に知られていない新しいものを売っている場合、「わからないから買わない」と言われることがあります。

商品にどんなメリットがあるのか、買ったとしても商品を使いこなせるのか。それがわからず、不安になってしまうのでしょう。

繰り返し商品の説明をするのも一つの手段です。でも、商品の効果や使い勝手というのは、実際に商品を使ってみなければわかりません。本当に理解してもらうまでは時間がかかるでしょう。

だから、商品の良さをわかってもらえない場合には、お客さま自身の状況を整理してあげてください。つぎのような具合です。

「このサプリで使っている成分は、最近新しく認可が下りたものです。聞き馴染みがない成分ですから、買うべきか悩んでしまうのは当然だと思います。

でも、お客さまはいま、食生活に不安があるんですよね。自炊をするだけの時間もなくて、効率よく栄養をとれるサプリを探している。でしたら、いま一番注目されているこのサプリを試してみませんか?」

商品の仕組みを理解できなくても、自分に必要であることが理解できれば買ってもらえるはずです。じっくり説明してあげましょう。

●「信じられない」への返し方

「商品の効果を信じられない」は、自己啓発系、美容・健康系の商品を売っている場合によく言われます。

営業トークの序盤で「信じられない」と言われた場合は、単に商品の魅力を伝えきれていない可能性が高いと思います。CHAPTER 7「新世代の営業・商品提案編」の内容を見直し、改めて商品提案をすれば済むでしょう。

一方、クロージング段階で突然「信じられない」と言われた場合、注意が必要です。商品の魅力を理解し、関心を示しているはずなのに、最後の最後で突然「信じられない」と言い出す。

このとき、お客さまは商品を疑っているわけではありません。

お客さまは、自分自身を疑っているんです。

自分の「買いたい」という気持ちを信じられない。自分で決断するのが怖い。自分に自信がなくて、購入を踏みとどまっているだけなんです。

では、そんなお客さまには、どう対応すればいいのでしょうか。美容系の商品を例にとって、「信じられない」への返し方を見てみましょう。

「商品が信じられないのではなく、商品を活用できるかどうかが不安なのではないでしょうか。

でも、美意識の高いあなたであれば、使いこなせると思うんです。美容に関心があるから、ここまでお話を聞いてくださったんですよね。私もサポートしますから、一度商品を試してみませんか？」

お客さまに、「あなたならできる」と伝えてあげる。売る側からもサポートを提案する。そうして、不安を解消してあげるんです。

自分に自信のない人たちに寄り添い、優しく提案してみてください。

相手の話を覚えておく

ここでもう一つ、クロージングを上手に進めるコツをお教えしましょう。

それは、「相手の話を覚えておく」ということ。

相手が以前とは違う話をしてきたら、

「この前お会いしたときには、こうおっしゃってましたよね？」

「こんなふうにしたいというお話でしたよね？」

と、相手が言ったことを確認してみるんです。

たいていの場合は「たしかにそんなことを言ったな……」という反応になります。すかさず、「だったら、やはり進めたほうがいいと思います」と畳み掛けましょう。そして商品提案のときと同じように、お客さまが買う流れをつくっていくんです。

「いやあ、そのときとは状況が変わって……」などと言われる場合もあるでしょう。その場合には、「どんなふうに状況が変化したんでしょう？　先日とは違う商品もご紹介できるので教えてください」と尋ねてみましょう。

「なんだかあげ足をとっているみたいだな」と、気が進まないかもしれません。でも、自分が話したことを覚えてくれていると、悪い気はしないものです。「ここまで自分のことを考えてくれたんだ」と、信用にもつながるでしょう。

相手の発言でクロージングに使えそうなものは、メモをとって覚えておくと後々役に立ちます。「クロージングはクロージング前から始まっている」というのは、こういうことでもあるんです。

契約後のトラブルを回避するには

ひとりビジネスのクレーム対策

ひとりビジネスでは、クレーム対応も悩みの種です。

大きな会社であれば専門の担当者がいるでしょう。でもひとりビジネスの場合、自分で対応するしかありません。

クレームを無視するわけにはいかない。かといってクレーム対応にばかり時間をとられてしまえば、ほかの仕事が滞《とどこお》ってしまう。

それに、何よりストレスがたまりますよね。「評判に傷がついたらどうしよう」と不安にもなりますし、精神的にかなり消耗します。

お金にならないのに、時間と体力を費やさなくてはいけない。それがクレーム対応なんです。

だから、そもそもクレームが来ないようにするのが大切です。

トラブルの芽になりそうなことは、事前に取り除いておきましょう。**クレーム対策もクレーム前から始まっている**わけですね。

「絶対ではない」と念押しする

よく見かけるクレームに、「説明された通りの結果が出ない。詐欺だ！」というものがあります。

残念なことですが、人間の行動や心理、健康に関する商品では、必ずしも誰もが同じ結果を得られるとは限りません。

たとえば、エクササイズマシン。同じ性能のものを同じ値段で売ったとしても、使い方、使う頻度によって効果は異なりますよね。

お客さま自身が、商品をうまく活用しきれなかった。こういった場合、私たちにはどうしようもありません。商品が最終的にどれだけの結果をもたらすかは、お客さま次第ですから。

ただし、売る側にも責任はあります。事前に必ず、「**絶対ではありません**」と念押しをしてください。結果を約束できないのに「絶対に役立ちます」なんて言ってしまえば、それこそ詐欺になってしまいます。後々のトラブルを防ぐためにも、お客さまを勘違いさせるような言い方は避けましょう。

相場を説明して納得させる

もう一つ多いのが、価格に対するクレームです。

まだ購入していない人からは「価格を下げろ」、購入した人からは「やっぱり高すぎるから返金しろ」、そんなふうにゴネられてしまうことがあります。

一番の対策は、**購入前に価格の妥当性を説明する**こと。

競合との比較表などをつくって見せ、しっかり納得してもらうんです。自分が設定している価格が相場通りであること、あるいは高めに設定しているのであれば、なぜその値段なのかを説明しましょう。

説明しても納得されないようであれば、その人には買ってもらわないほうがいいと思います。

自分に非のないクレーム処理ほどストレスのたまるものはありません。できる範囲のことだけして、別の新しいお客さまと商談を始めるほうがよほど生産的です。

当日に即決させない

高額な商品の売買については、法律的にも規制があります。

購入後に何か問題が起き、かつお客さまが十分に商品を理解していない状況で契約を結んだと判断された場合、お客さまはその契約を取り消すことができるんです。

契約の取り消しは対応が大変ですし、信用も傷ついてしまいますよね。

このようなトラブルを避けるには、どんなに相手に購入の意欲があっても、**会ってお話をした当日に契約をさせてはいけません**。必ず翌日以降にします。

私の場合、後日Zoomなどでカウンセリングをし、誤解が発生しないように注意しながら契約することにしています。

ただし、会って話をしてから契約まで、あまり日数をおいてもいけません。お客さまの購買意欲が薄れてしまうんです。せいぜい3日が限界でしょう。

このとき、早割を用意すると効果的です。「本日から3日後までに購入した場合は30％オフ」といったかたちで、特典をつけておくんです。

以上がクレーム対策のコツです。

クレームの多くは、お客さまに商品のことを十分理解してもらえていなかった場合に起こります。事前にしっかり説明することを心がけてください。

営業に欠かせないこと

トップ営業マンがトップでいられる理由

世の中には、あいまいなポジティブ感で人をその気にさせる商品がたくさんあります。「こうすれば全部解決！」「これを買えば成功する！」、そんな謳い文句はよく見かけますよね。

でも、そんなふうに勘違いさせて売った商品って、結局お客さまを幸せにできないと思うんです。だから私は、具体的なデータを示し、社会情勢を説明し、相手に現実を教えるところから始めます。このほうが、ずっと良心的ではないでしょうか。

トップ営業マンがトップでいられるのは、口がうまいから、だけではありません。

「**お客さまのためになりたい**」「**助けてあげたい**」と思っているからです。その気持ちが伝わるから、「この人にお金を払いたい」と、お客さまが集まってきているんです。

CHAPTER 7、8では商品提案やクロージングのテクニックを中心にお話ししましたが、テクニックにおぼれてはお客さまの信頼はつかめません。

営業は、真心を持って取り組んでください。

数をこなせば勝ちパターンが見える

さて、クロージングまでで実際の営業活動はひと段落です。

慣れないうちはなかなかうまくいかないと思いますが、安心してください。

数人、数十人と会って営業経験を積んでいくうちに、次第に「**勝ちパターン**」がわかってきます。

どのように話したら興味を引けるか。「買うべき」と気づいてもらうにはどうすればいいか。そしてどう購入につなげればいいか。

お客さまについても、見分けられるようになります。時間をかけて話をするべき人なのか、トラブルなく契約できる人かどうか。徐々にわかってくるでしょう。

経験を積むと、あなた自身にも「稼げる人」の雰囲気が身についていきます。身だしなみ、ふるまい、話し方などが、次第に洗練されてくるんです。最初のうちはどうも頼りなさげで話に説得力のなかった人でも、いつのまにか、人を引き込むような話ができるようになっていくでしょう。

そうなると、相手の態度も次第に変わっていきます。真剣に耳を傾けてくれ、商談に応じてくれる人も増えてくるかもしれません。

ここまでくれば、成約までのスピードも上がっていきます。新しいお客さまであっても、初めからあなたを「すごい人」と捉えた状態で来てくれるんです。すると、かなり有利な立場から営業をスタートできますよね。

「新世代の営業」は、こなせばこなすほど稼げる仕組みが強固になっていくんです。大変でしょうが、どうかやりきってほしいと思います。

CHAPTER 9

新世代の営業・ＳＮＳ集客編

SNSで昭和営業から解放される

SNSなら人が集まる仕組みをつくれる

売り上げを立て続けるために必要なことはなんでしょう?

商品を買ってくれて、お金を払ってくれるお客さまを集め続けることです。

では、そのお客さまはどうやって集めればいいのでしょうか?

CHAPTER 6「新世代の営業・アポ編」では、100人の見込み客リストをつくって片っ端からアポをとろうというお話をしました。

でもこれは、自分が直接連絡をとれる知り合いに会い、ビジネスのトークをしてみることで営業経験を積むことが主な目的です。

お客さまを集める目的で、何十人も何百人もアポをとって話をして……となると、時間もかかるし、体力も消耗します。売り上げを立てる手段としては、ふさわしくありませんよね。

新世代の営業は、足を使いリアルで営業をかける昭和営業とは違います。そして、その効率的な集客を可能にするのがＳＮＳです。

まずは、ＳＮＳがどんなふうに効率的なのか、私の体験をもとにご説明したいと思います。

私が営業ツールとしてFacebookを使い始めたのは、８年くらい前。

当時、私は「超」がつくアナログ人間で、ＳＮＳのことは全然わかっていませんでした。なぜ始めたかというと、それまでの稼げない自分を変えたかったから。自分を変えるために、手を出したことがないＳＮＳに挑戦してみたんです。ＳＮＳにどんな効果があるかはよく知らないまま始めてしまったわけですね。

でも、奇跡が起きました。

あるとき異業種交流会に行くと、会場にいるたくさんの皆さんが、私と話をしようと列をつくって並んでくれたんです。

皆さんがFacebookを見てくれていたおかげで、「久道さおり」という名前が私の知らないところでどんどん独り歩きしていたようです。

SNSを使うことで、向こうから会いにきてくれる。仕事のオファーが増えていく。かなり感動しましたね。

SNSならマーケットは無限

奇跡はさらに続きます。

「いいね！」の数が500を超えたころ、徐々に問い合わせが入るようになってきました。

一番驚いたのは、北海道など地方に住んでいる人たちから「会って話を聞きたいので、最寄り駅まで行ってもいいですか？」と連絡をいただいたことです。ほんの少し前まで昭和営業の限界に苦しんでいた私に、遠方からわざわざ会いに来る人がいる。これが2番目の奇跡です。

昭和営業の場合、自分のことを全国の人に知ってもらうなんて絶対に不可能でした。実際に会いに行って話をしない限り、自分の考えを伝えられないんですから。Facebookのようなオンラインでつながれるツールを使えば、物理的な限界も超えることができる。商圏は、無限に広げられるんです。

SNSは、「**お客さまのほうから問い合わせをくれる**」「**全国各地に見込み客が生まれる**」という2つの点で、昭和営業の限界を超えることができるわけです。マーケティングにコストを割けないひとりビジネスにおいて、SNSは必須のツールであることがわかりますね。

稼ぐためのSNS戦略

ただし、Facebookのメリットを実感できるようになるには、条件があります。

それが、**5000人のフォロワー（友だち）をつくる**ということ。

フォロワーの数は、オンライン上の知名度だと言えます。まず「知ってもらう」というスタートラインに立ちましょう。

おそらく普通の人であれば、フォロワーは数十人から数百人程度でしょう。「5000人なんて無理！」と思うかもしれません。でも、SNSには情報を拡散させる機能があります。

たとえば、フォロワーのAさんがあなたの投稿に「いいね！」などの反応をすると、Aさんのフォロワーである B さんのタイムラインにもあなたの投稿が表示されます。さらにBさんが「いいね！」を押してくれれば、Bさんのフォロワーのタイムラインにも投稿が表示され……という具合に、投稿がどんどん拡散されるんです。

フォロワーからそのフォロワーへと拡散してもらえば、投稿を見る人はねずみ算式に増えます。すると、なかには「この人の投稿をもっと見たい」と、あなたをフォローしてくれる人も出てきますよね。コツコツ投稿していきましょう。

なお、自分へのフォローは基本的に解除しないこと。「この人はお客さまになりそうにないな」と思っても、最初のうちは選ばずにフォローしてもらいましょう。

もちろん、見たこともない外国のアカウント、著名人のなりすましをしているアカウントなどは避けるべきです。でもそうでなければ、フォローしてもらって損はないでしょう。とにかく、まずは５０００人を目指してください。

とはいえ、ただ漫然とＳＮＳを使っているだけだと、フォロワーは増えません。「フォローしたい」と思われるようなアカウントを運営する必要があります。

そこでつぎからは、具体的なＳＮＳのノウハウについてご紹介します。

オンライン集客ノウハウ

フォロワーを増やす投稿の4原則

闇雲にＳＮＳに投稿しても、あまり効果は期待できません。フォロワーを増やすためにはコツが要ります。

そこで、効果的な投稿をするための４原則をお伝えしましょう。

①継続する

大事なのは継続すること。

投稿頻度が少なすぎると「使ってないアカウントなのかな」と思われてしまうので、どのＳＮＳでも１日１件は投稿したほうがいいと思います。私の場合、Facebook で毎日1件投稿していました。

②アクセスの多い時間帯に投稿する

ユーザーがアクセスしやすい時間に投稿すれば、目につきやすくなります。**平日であれば、朝6時から8時の間**。だいたいこれくらいの時間に出勤する人が多いので、仕事の前、通勤電車のなかで見てもらえるんです。同様に、**夜の8時**なども仕事終わりに見てもらいやすいと思います。朝1回か夜1回、毎日の習慣として投稿を続けましょう。

経験上、**土日は午前中がおすすめ**です。ただし、休日はビジネス系の投稿をしても読まれにくいので、ゆるめの内容がいいでしょう。私の場合、「女性実業家の休日」といった雰囲気の、少しだけプライベート感のある写真や記事をアップしています。

③企業のホームページを意識する

あくまでもビジネスのためのＳＮＳですから、投稿内容は企業のホームページに書かれているようなことをイメージしましょう。
企業が載せる内容にもいろいろありますが、**社長のページ**を意識するのがおすすめです。代表挨拶や企業理念のページを参考に、自分がビジネスにどう向き合っているか、想いを発信するんです。

ＳＮＳでプライベートな投稿をする人もいますが、私生活を魅力的に見せるのは意外と大変です。最初のうちは、遊んでいる姿ではなくビジネスパーソンとしての姿を見せたほうがいいでしょう。

④写真を載せる

文章だけではなく、画像も一緒にアップしましょう。

女性の場合は自撮りがおすすめですが、男性は自撮りをするとナルシストのように受け取られやすいので、控えましょう。代わりに、目線を外している画像や、夜に会食をしている様子を載せます。打ち合わせしているところや仕事風景をアップするのも、ビジネス感が増すのでおすすめです。

とにかく、**顔がわかるような画像を載せることは必須**です。顔がわかったほうが、見た人もフォローしやすくなるでしょう。


以上が４つの原則です。

なお投稿が終わったら、必ず**「いいね！」やコメントといったリアクションの数を確認する**こと。

ＳＮＳが便利なのは、リアクションの数で成果がわかる点です。工夫したことが良い結果として返ってきているかどうか。いまいちであれば、それはなぜなのか。反応が良くても悪くても、その理由を考え、つぎの投稿に備えましょう。

見込み客を増やす6つのSNS

ここまでFacebookを例にお話ししてきましたが、ＳＮＳとひと言で言ってもさまざまなものがあります。利用するＳＮＳを一つに限ってしまうのは見込み客の範囲を狭めることにもなるので、できる限り多くのＳＮＳを活用しましょう。

ここでは、私が実際に使っている６つのＳＮＳについて簡単に紹介していきます。

・Facebook

もともとFacebookはビジネス利用を想定してつくられたＳＮＳなので、ビジネスの人脈をつくることに適しています。また基本的に実名で使うものなので、冷やかしのメッセージが少ないというメリットもあります。**ＳＮＳに慣れていない人も、まずはFacebookから始めるといいでしょう。**

商品の情報発信に使える「Facebookページ」を開設することもできますが、とりあえず個人アカウントから始めるのが簡単です。

投稿するべきは、ビジネスの考え方など。フォロワーや「いいね」が増えたら、キャンペーンやイベントの告知もしましょう。カウンセリング系のビジネスなら、お悩み相談の無料体験の案内などをしてもいいかもしれません。

・Instagram

Instagram は、**写真の投稿に特化**したＳＮＳです。

若い人が趣味で見ていることが多いので、ビジネス関連の画像より、ご飯の写真やペットのネコと一緒の写真などが好感を持たれやすいでしょう。

もしFacebookだけで手いっぱいになってしまったら、Facebookと投稿内容を同期させるのがおすすめです。Facebookに投稿したことがInstagramにも反映されるので、投稿に手間がかかりません。

・Twitter

Twitterは匿名の利用者が多いＳＮＳですが、**ビジネスで使うのであれば実名で利用しましょう**。

投稿内容はFacebookと同じです。ただし１４０文字という文字数制限があるので、テーマと本文だけ数行書き、「続きはこちら」とほかのＳＮＳのＵＲＬを貼っておくのがいいでしょう。

・アメブロ

ブログのなかでは、**読者数が多いアメブロがおすすめ**です。ブロガーの競合も多いので単体で閲覧数を増やすのは難しいと思いますが、見込み客との接点を増やすため、ぜひ利用しましょう。

投稿する内容は、Facebookと同じで構いません。私の場合、Facebookの記事をそのまま同期させています。

・WordPress

WordPressとは、個人のブログを作成するCMS（Contents Management System）というツールの一つです。

アメブロの場合は利用規約が厳しく、うっかり規約違反をすると記事が削除されてしまう可能性があります。そのため、念のための**バックアップ**という意味でもWord-Pressを利用するといいでしょう。

・YouTube

有名な動画サービスです。動画を撮るのは手間がかかりますが、利用人口が多いので幅広い層の見込み客とつながることができます。

YouTuberを目指す必要はありません。そもそも、これからYouTubeで稼ぐのはかなり厳しいと思います。すでに地位を確立したYouTuberがたくさんいて、またアイドルや芸人さんのような芸能人も本格的に参入しています。あくまで見込み客を増やすために動画を投稿する、と考えてください。

短い動画でもいいので、**実際にあなたが話している姿を見せる**ことをおすすめします。写真や文章では伝わりにくい、あなた自身の雰囲気や人柄を見せることで、オンラインでも信頼関係をつくりやすくなります。

ちなみに、動画撮影にはほかのメリットもあります。

自分がどう話をしているのか動画で見るとよくわかるので、話す練習になるんです。YouTubeで公開はしなくても、動画撮影をしてみるといいでしょう。

メルマガ・LINE公式アカウントで深くつながる

ここまで紹介した6つのSNSは、**お客さまとファーストコンタクトをとる**ためのツールです。

あなたのビジネスの内容をもっと知りたいという人、商品に関心を持った人とは、継続的にコミュニケーションをとる必要がありますよね。

そこで使ってほしいのが、つぎに紹介するメルマガとLINE公式アカウントです。

・メルマガ

メルマガの利点は、「**ステップメール**」を組むことでお客さまと継続的な関係をつくれることです。

ステップメールとは、読者登録をしたお客さまに対し、あらかじめ用意されているメールを自動的に送る仕組みです。それぞれのお客さまに対し個別に対応する必要がないので、楽ちんですね。

内容は、あなたの近況報告や半生から、ビジネスにつながるような時事ネタなどなど。続き物の読み物になるよう、分けて配信していくと登録を解除されずに読んでもらうことができます。

私の場合、ひとりビジネスの教材を紹介したいときはこんなメールを送ります。

「私も、初めはなかなかうまくいきませんでした。事業で失敗し続けたことで、借金も１３００万に膨れ上がってしまって（笑）。でもこの稼ぎ方に出会って、どん底から這い上がりました。この方法を皆さんにもお伝えし、成功してほしいと思います。一度、お話だけでもしてみませんか？」

いきなり営業トークをすると読まれにくいので、失敗談から徐々にカウンセリングの案内をしていくといいでしょう。

・ＬＩＮＥ公式アカウント

一斉メールと個別のやりとりが両方できるので、効率的にコミュニケーションをとることが可能です。映像、画像、写真なども送れるので、テキストのみのメルマガよりもビジュアル的な効果も期待できます。

載せる記事はFacebookと同じで構いません。LINE公式アカウントはスマホで閲覧できることもあってコミュニケーションがスムーズなので、リアルな関係をつくりやすいという利点があります。

メルマガとLINE公式アカウントは、オンラインとリアルをつなぐツールです。SNSに投稿する際は、必ずこの2つのURLを記載して誘導するようにしましょう。

オンラインにはアナログの力が不可欠

ここまでSNSやメルマガなど、オンラインでのコミュニケーションについてお話ししてきました。

でも、勘違いしないでほしいんです。

ただツールを使いこなし、文章や画像、動画を投稿するだけでは集客はできません。大前提として、「ネットで人は簡単に動かない」と思ってください。

正確に言うと、リアルの現場で人を動かせない人には、現実に会ったことのない人を、つまりオンライン上で知り合った人を動かすことは難しいと思います。

デジタルツールは便利なものですが、人はデジタルで、つまり0か1かで動いているわけではありません。極めてアナログな存在です。

ちょっとした言い方一つで信頼関係が崩壊するくらい、人は繊細なんです。そういった人の心の機微がわかっていない人には、オンラインで人を動かすことは難しいと思います。

たとえば自分の写真を投稿するにしても、見苦しい姿を見せてしまえば逆効果ですよね。しっかり自分を磨き、好感を持たれる見た目になってから投稿してください。

また文章や動画で何かを伝える際にも、しっかり頭は使ってください。ただだらだらと書きたいことを書く、言いたいことを言うだけでは、心に響くはずありません。

結論から伝える、ビジネス用語で説得力を持たせるなど、CHAPTER 7「新世代の営業・商品提案編」でお伝えしたようなことをわかっているのが前提なんです。

オンラインにも、リアル営業で必要な力は欠かせません。それを理解したうえで、トータルの力を身につけましょう。

CHAPTER 10

ひとりビジネス成功の鍵

新世代の営業を構築して稼ぐ

点ではなく線で考える

仕組みづくりで重要なのは、全体を俯瞰《ふかん》して考えることです。

これまでのCHAPTERでお話ししたことは、トータルで身につけてこそ売り上げにつながります。新世代の営業とはそのトータルの仕組みづくりであり、ビジネスのすべての段階を**点ではなく線**で理解し、構築してこそのものなんです。

ここでは本全体の内容を振り返り、成功するひとりビジネスとは何か、改めて考えてみましょう。

リサーチ（CHAPTER 4）

稼ぐための第一歩は情報収集です。

まずは業界の状況をしっかり調べること。競合が多すぎる業界、尻すぼみになっていく業界に参入してはいけません。

また時代の流れを理解していなければ、競合に出し抜かれてしまいます。オンライン化やＳＤＧｓといった大きな動きに気づけるよう、日頃からアンテナを張っておきましょう。

自分磨き（CHAPTER 5）

ひとりビジネスで稼ぐには、「自分を看板にする」という意識も大切です。自分がどう見えるか、お客さまにマイナスの印象を与えないように日々気を使わなければいけません。

見た目の印象は案外軽視されがちです。ライバルより優位に立つためにも、自分磨きを行ってみてください。

アポ（CHAPTER 6）

稼げるビジネスを選び、「稼げる人」らしい見た目になったら、いよいよ実際の営業活動です。お客さまがいないことには始まりませんから、まずは見込み客のリストをつくりましょう。

最初はあなたをよく知っているプライベートの知り合いから始め、知り合いの知り合いを紹介してもらいつつ見込み客を増やします。

たとえ実際の購入には至らなくても、営業の場数を踏むことがあなたのビジネス思考を高めてくれるはずです。

商品提案（CHAPTER 7）

お客さまと会ったら、商品提案を行います。

こちらから無理に押し売りをするのではなく、お客さまに「気づかせ動かす」ことで買ってもらうのが新世代の営業です。

わかりやすく信頼してもらえるようなトークを基本としておさえつつ、買うメリット、買わないデメリットを伝え購入へと誘導しましょう。

クロージング（CHAPTER 8）

クロージングでは、買ってもらうための最後のひと押しをします。

お客さまには、それぞれ事情があります。買いたいと思ってくれたとしても、踏みとどまってしまうことは珍しくありません。「お金がない」「時間がない」といった困りごとに寄り添い、解決できないかを一緒に探りましょう。

SNS集客（CHAPTER 9）

営業活動が一回成功しただけでは、「稼げる人」とは言えません。

稼ぎ続けて時間とお金を自由にするためには、お客さまが向こうからやって来ること、そして広い商圏を持っておくことが不可欠。そしてそれを可能にするのが、SNS集客でした。

前提となる市場選びと自分磨き。そして営業活動を成功させ、さらにSNSで効率的に集客できる仕組みをつくる。

新世代の営業は、トータルでこなしてこそのものです。

たとえどんなに見込み客づくりを頑張ったとしても、そもそもニーズの少ないビジネスであれば、お客さまは見つからないでしょう。またクロージングは重要視されがちですが、どんなにクロージングで頑張っても、「この人から買いたい」と思われる自分になれていなければ、買ってもらえるはずありませんよね。

結果から逆算し、成功のためにするべきことを見つけてみましょう。

稼げる道を選択する

少し前の話ですが、経営戦略において「**選択と集中**」という言葉が流行っていました。注力していく事業にお金と人を集中させて、そうではない事業は中途半端に続けるのではなく、手を引きなさいということです。

これは企業の経営戦略の話ですが、ひとりビジネスにも当てはまる考え方です。

事業をいくつも持とうとする人は少ないと思いますので、自分自身に何が必要か、何が必要ないのかを選ぶ際に「選択と集中」を意識してください。

では、新しくひとりビジネスを始めるときに、何を捨てなくてはいけないのか。

それは、**うまくいかない選択をしてきたいままでの自分の思考と、その思考で積み重ねてきた経験**です。

こういう話をすると、「いままで培ってきた知識と経験は貴重だから、そうそう捨てるわけにはいかない」という人が必ずいます。

でも私、そういう人にはこう尋ねたいと思うんです。

「その貴重な知識と経験があるのに、なぜあなたは成功できていないんですか?」

もちろん、ベーシックなビジネスの常識を捨てて、非常識な人間になれと言っているわけではありません。

でも過去の成功体験は、あくまで過去のもの。変わりゆく世界では、思考も変え続けなくてはいけないんです。

世の中がどう変わっているか。そのなかで、稼ぐには何が必要なのか。それを見極め、新しい考え方で、新しい戦いを始めてほしいと思います。

ひとりビジネスで成功するために

稼ぐことは助けること

最後に、ひとりビジネスとの向き合い方をお伝えします。成功を目指すうえで必ずわかっていてほしい、とても大切なことです。

この本では、稼ぐために必要なひとりビジネスの基本をお伝えしてきました。

稼げるビジネスの本質とは、なんでしょうか。
稼げるのは、商品を買ってもらえているからですよね。
では、お客さまはなぜ商品を買ってくれるのか。

それは、**困りごと**があるから。○○が足りない、できない、どうすればいいかわからない。それらを解決する対価として、お金を払ってくれているわけです。

より多くの困りごとを、よりお客さまが満足いくように解決する。それが、稼げるビジネスの本質なんです。

お客さまの困りごとがどんなものか、つねに考え続けてください。

ただし、頭のなかであれこれ想像しても答えは出ません。周りを見渡し、現実にどんな困りごとがあるかを探すんです。

社会の動きをもとに、ニーズがあるものを調べるのもいいでしょう。誰かと話し、憧れていること、不安に思うことを教えてもらうのも勉強になります。

「○○が好きだからやりたい」というあなた起点ではなく、お客さま起点でビジネスを構築してください。世の中の困りごとを解決できるのが、「稼げる人」の条件です。

自分を経営しよう

ひとりビジネスで幸せをつかむには、「自分を経営する」という意識も大切です。

自分の経営には、２つの大切な軸があります。

一つはお金であり、お金をつくるための仕事です。そしてもう一つは、家族や自分の趣味といった、プライベートな生活に関わることです。

いくらお金があっても家庭が崩壊していては幸せとは言えないでしょうし、逆にどれだけ家庭が円満でも、お金がないといつか困窮します。

ライフとワークをどう両立させていくか。このバランスをとることが、自分を経営するということなんです。

そして**自分を経営するにあたり、最も大切なリソースは「時間」**です。時間をどのように配分し、有意義に使うかが成功の決め手になります。

1日は、誰にとっても24時間。仕事ができる人には特別に30時間ある、なんてことはありません。たくさんの仕事を的確にこなす人は、段取りや必要となる時間の配分がきちんとできていて、しかもトラブルが発生したときにリカバリーできるだけの余裕を持たせたスケジュールを組んでいます。

私が見てきたなかでも、仕事ができる人は時間を言い訳にしません。必要なことであれば、なんとかして時間をつくって取り組んでいます。

「時間がない」というお客さままでもスケジュールを洗い出せば意外と時間はある、そんなお話をしましたよね。ぜひあなた自身についても、時間の過ごし方に無駄がないかを考えてほしいと思います。

ひとりビジネスは自分ひとりではできない

8年間、6000人以上を見てきた答えを言いますね。

ひとりビジネスは、あなたひとりでは始められません。

矛盾しているように見えるかもしれませんが、大切なことです。

ひとりビジネスは個人で稼ぐ手段。でも、だからといって「誰にも頼るな」と言っているわけではありません。

とくに初心者は、できるだけ相談できる人を見つけてください。

顧問でもパートナーでも、呼び方はなんでも構いません。とにかく、経営面であなたを支えてくれる人が絶対に必要です。CHAPTER 2でお話ししたように、うまくいっていない自分ひとりの考えで行動を選択してはいけないんです。

ただし、相談する人は選ぶこと。

困ったときに励ましてくれるような「お友だち」に相談してはいけません。あなたの周囲にいるお友だちがビジネスで成功を収めている人なら話は別ですが、そんな人はなかなか転がっていませんよね。

ビジネスに興味がない人に相談をしても、足を引っ張られるだけです。的外れな答えが返ってくるか、深い考えもなくビジネスを否定されるかのどちらかでしょう。

あなたに必要なのは、ビジネスを的確にサポートしてくれる「成功者」です。

その成功者にお金を払って、「顧問」として力を貸してもらいましょう。そしてその人にどんどん質問して、その回答にしたがって行動してみることです。

お金を払えばあなたはきちんとしたクライアントになりますから、相手も真剣勝負です。あなたに正しい努力の方法を教えてくれるはずです。

あなた自身も、お金を払っているぶん真剣に学べるでしょう。きっと何カ月か一緒にいれば、ビジネスに必要なことはほとんど吸収できると思います。

私の周りにも、ビジネス初心者の顧問をしている人がいます。一度、どんな人なら真剣に応援したくなるか聞いてみたことがあります。

答えは、**「素直な人」**・**「即行動する人」**でした。

もし本気で稼ぎたいのであれば、疑うだけの評論家にはならず、素直に耳を傾け、そしてすぐに実行してください。

それが、ひとりビジネス成功への近道です。

おわりに

この本を書いていた2020年秋、大きなニュースが2つ飛びこんできました。

一つは、大手広告代理店の電通が、一部の社員を個人事業主化する制度を導入したというニュースです。

40代以上の社員から制度の利用者を募り、結果230人が早期退職して新会社と業務委託契約を結んだんです。個人事業主となった元社員は、電通の複数の部署から業務を請け負ったり、ほかの会社と契約したりできるようになりました。

ネットの書き込みなどを見てみると「体のいいリストラだ」と考える人も少なくないようですが、本当に力のある個人にとっては大きなチャンスです。一定の収入を確保しつつ、新しいステージにチャレンジできるわけですから。

本書のなかでも今後はこのような働き方が増えると予想していましたが、いよいよ本格的に**個人の力が試される時代**になっていきそうです。

そしてもう一つは、中国のネット通販大手アリババについて。取扱額が、日本円で7兆9000億円にものぼったというニュースです。この金額は昨年の4兆円をはるかに上回り、史上最高額となりました。

中国の人口を考慮したとしても、オンラインでこれだけの金額が動くというのは驚きですよね。

世の中は確実にオンライン化に進んでいるんだと、改めて実感しました。

電通、そしてアリババ。

両社のニュースを見て、

「個人として稼げる力を持つべき」

「オンライン化は必須」

という私の主張は間違っていないんだと、改めて確信しました。

それにしてもここまで世の中が変わるなんて、10年前、いえ5年前でも、誰が予想できたでしょうか。

これから先はきっと、さらに大きな変化が起こると思います。もう、私たちが知っている元の世界には戻りません。

そして、**私たちは変わり続ける世界で生きていかなければいけない**んです。

厳しい世界ですから、取り残されてしまう人も出てくるでしょう。私がひとりビジネス初心者に向けた起業塾を営んでいるのは、そんな人々を助けるためでもあります。ただ、本当に「助ける」というのは、困っている人をその場で助けることではないと思うんです。そもそもその人が困らないよう、導くことではないでしょうか。

水がなくて困っているのであれば、井戸を掘ってプレゼントするのではなく、井戸の掘り方を教えるべきです。

誰かが困難な状況にあるとき、手を差し伸べてあげることは簡単です。でも、それでは根本的解決になりませんよね。自立させるのが本当の教育です。

私自身、昔もいまもこう思っています。

「誰かに頼って生きていくのは嫌だ。個人でも、ちゃんとお金を稼いで食べていけるだけの力をつけておきたい。

ビジネスをしっかり構築して、理想のライフスタイルを実現したい。人生の最後にお金のことで悩みたくはないし、充実した老後にしたい」

この思いを実現するために、努力を惜しまず、あえて自分に負荷をかけています。**「自立」は努力によって勝ち取れるもの**だと思っているし、それを実践できる人をひとりでも増やすことが私の目標でもあります。

自立できていれば、世の中がどんなに変わろうとも不安はありません。理想を叶え、幸せに生きていくことができるはずです。

皆さんにも自立することの大切さを知り、自立のための準備を進めてほしい。

そんな思いでこの本を書きましたが、少し熱が入りすぎて、厳しい表現になってしまったところもあると思います。きっと、不愉快に感じてしまった人もいるでしょう。

でも、私が書いたことに嘘はありません。

ふんわりとした心地良い言葉に乗せられて、夢だけでビジネスを始めても決して自立はできないと思います。理想のライフスタイル、豊かな老後を実現するどころか、経済的に追い詰められる可能性だってあるでしょう。

成功するためには、まず現実を知っておく必要があるんです。

誰かが本当のことを言わなければ、失敗して苦しむ人が増えるだけ。

だから勇気を振り絞って、嫌われることを覚悟で書きました。

本を読んでくれたあなたに私の思いが伝われば、それに代わる喜びはありません。

大丈夫。

正しいベクトルで努力をすれば、きっとやりとげられます。

あなたの人生が、より幸せなものになりますように。

２０２１年２月

久道さおり

読者限定特典

**著者のLINE公式アカウントに
登録すると、
下記の4つの特典を
プレゼント!**

特典 1 久道さおり電子書籍

書籍タイトル:『お金+時間+美+健康+パートナー』

特典 2 久道さおりオンラインセッション

抽選で30分LINE通話ができる!

特典 3 貴重な商品発表会の動画

酵素ドリンク【BEFree(ビフレ)】オンライン商品発表会の動画です

特典 4 体質診断+ダイエットプラン

体形にお悩みの方、ぜひお試しください

**左のQRコードから登録後、
「『ひとりビジネスの基本』特典希望」
と書いて送信**

※QRコードが読み込めない場合は、LINE ID:「@saori0216」で検索
(@もお忘れなく!)

久道さおり（くどう・さおり）

住友銀行、住友生命（新人部門１位）、楽天イーグルス（広告事業部）、銀座の夜のお姉さんを経て、1回目の起業は35歳。創立２カ月目に３億円を売り上げる。その後借金1300万円を抱えるも、40歳のときに２回目の起業。初年度から毎年3000万～5000万円を売り上げ続け、時間とお金が自由になるライフスタイルを手に入れた。
影響力と営業力を掛け合わせた新世代の営業手法について、講演を８年間で600回以上実施。「時給単価が高く、在宅でもでき、定年のない働き方」を6000人以上に教える。企業には「SNSを活用したこれからの経営戦略」を教え、取引件数は600社を超える。

EYE LOVE EYE

視覚障害その他の理由で活字のままでこの本を利用出来ない人のために、営利を目的とする場合を除き「録音図書」「点字図書」「拡大図書」等の製作をすることを認めます。その際は著作権者、または、出版社までご連絡ください。

一生食いっぱぐれないための
ひとりビジネスの基本

2021年２月22日　初版発行

著　者　久道さおり
発行者　野村直克
発行所　総合法令出版株式会社
〒103-0001 東京都中央区日本橋小伝馬町15-18
EDGE小伝馬町ビル９階
電話　03-5623-5121
印刷・製本　中央精版印刷株式会社

落丁・乱丁本はお取替えいたします。
©Saori Kudo 2021 Printed in Japan
ISBN 978-4-86280-787-8
総合法令出版ホームページ　http://www.horei.com/